CS Specialist

유혜선의 당당한 서비스

지은이 | 유혜선
펴낸이 | 김성실
편집기획 | 최인수 · 여미숙 · 한계영
마케팅 | 이병진 · 김남숙 · 이유진
본문디자인 · 편집 | (주)하람커뮤니케이션(02-322-5405)
표지인쇄 | 중앙 P&L(주)
본문인쇄 · 제책 | 한영문화사
펴낸곳 | 시대의창
출판등록 | 제10-1756호(1999. 5. 11)

초판 1쇄 발행 | 2006년 6월 7일
초판 5쇄 발행 | 2010년 6월 10일

주소 | 121-816 서울시 마포구 동교동 113-81
전화 | (02)335-6125
팩스 | (02)325-5607

ISBN 89-5940-032-7 03320
　　　978-89-5940-032-4

값 12,000원

ⓒ 유혜선, 2006, Printed in Korea.

• 저자와 협의하여 인지는 붙이지 않습니다.
• 잘못된 책은 바꾸어 드립니다.

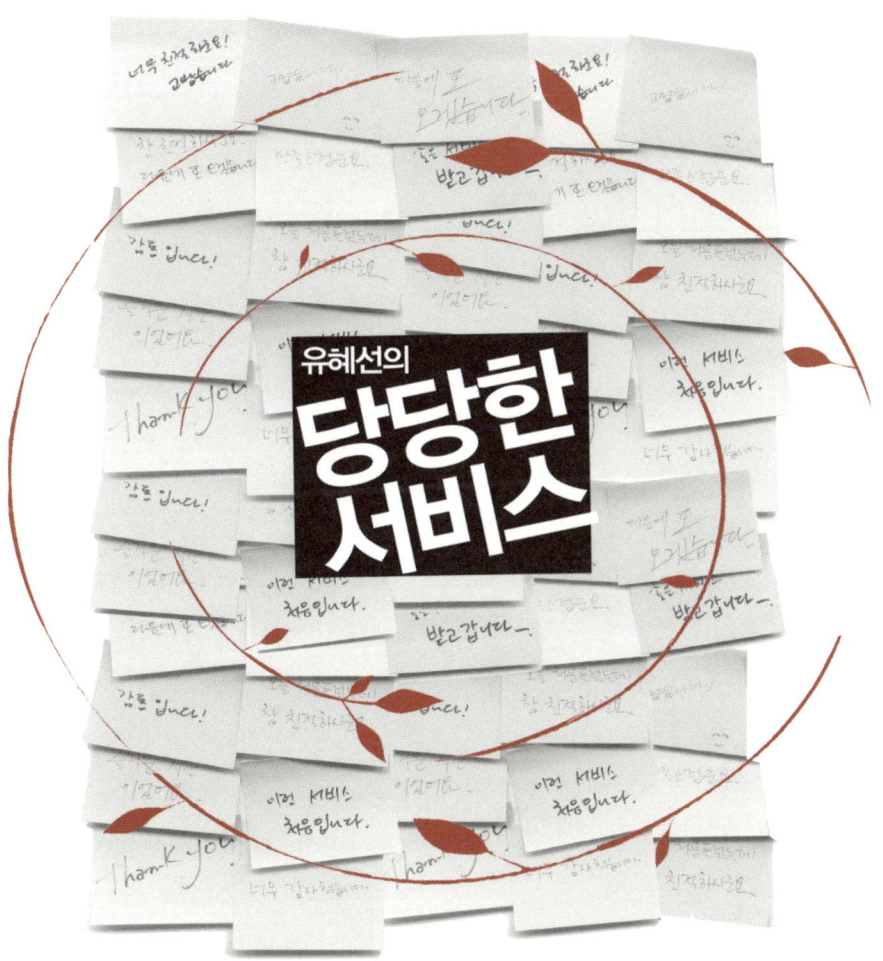

시대의창

20여 년의 노하우가 담긴 살아 있는 CS 학습서

'고객 만족'이라는 말을 쉽게 하지만, 기업의 입장에서 보면 고객을 만족시키는 것은 결코 쉬운 일이 아닙니다. 고객들의 수준이 점점 높아지고 요구하는 것들이 다양화되기 때문에 기업에서 늘 연구하고 개선하지만 언제나 부족하고 또 부족한 것이 '고객 서비스'입니다.

이러한 즈음에 유혜선 님이 책을 낸다고 하니 참으로 반가운 소식이 아닐 수 없습니다. 유혜선 님은 웅진미디어, 웅진코웨이개발, 웅진씽크빅 등 웅진그룹 계열사 5곳을 거치면서 20여 년 동안 교육과 CS 관련 업무를 해 왔습니다. 웅진코웨이개발에서 정수 관리를 하는 코디와 웅진씽크빅 학습지 교사들의 서비스 교육을 담당하면서 이론과 실제를 겸비한 전문가로 성장하였습니다. 아마도 유혜선 님만큼 교육과 서비스·고객에 관한 다양한 실무 경험을 갖춘 사람도 흔치 않을 것입니다.

간혹 웅진그룹이 25년 동안 꾸준히 성장할 수 있었던 비결이 무엇인지를 묻는 분들이 있습니다. 그럴 때마다 '교육을 많이 시킨 덕분'이라고 대답하곤 합니다. 웅진에서는 매년 교육비를 증액하여 배정하고, 교육의 질을 높이고, 양을 늘려 왔습니다. 또 고객 서비스를 강화하기 위해 꾸준한 노력을 기울여 온 것이 성장의 비결이라고 할 수 있을 듯합니다. 여기에 유혜선 님과 같이 교육과 서비스에 대해 열정을 가진 전문가의 지대한 역할이 있었기 때문에 가능한 일이었습니다. 이 책에서는 그간 웅진에서 실시한 CS 방법이나 마케팅적 관점에서 본 CS의 기능 등 싱싱한 정보를 얻을 수 있을 것입니다. 무엇보다 이론 중심이 아닌 유혜선 님이 직접 경험한 사례를 기반으로 하고 있기 때문에 이 분야에 관심 있는 사람들에게 실질적인 도움을 주리라 생각합니다.

부디 유혜선 님의 귀하고 소중한 자료가 여러 사람을 위해 유용하게 쓰이길 바라며, 이를 통해 기업이나 개인 모두가 고객 만족·서비스 마케팅에 대해 다시 한 번 생각해 보고 마음을 다지는 계기가 되기를 기대합니다.

웅진그룹 회장 윤 석 금

진정한 산학 협동을 통하여 실천하는 평생 학습인

　모든 인간은 호모 에루디티오Homo Eruditio, 즉 배우는 동물, 학습 인간으로 태어나며 고정적이고 완성된 존재 방식을 가지고 있는 것이 아니라 영원히 배움을 찾아나서는 미완의 상태로 남아 있다. 학교를 졸업했다고 해서 배움이 완성되는 것은 아니다. 평생 학습을 위한 자기 주도 학습이 이루어져야 한다.
　학교뿐만 아니라 사회 곳곳이 바로 배움의 일터가 되어야 하며 학습 인간을 만들어 주는 데 도움을 주어야 한다. 따라서 사회 환경 자체가 열린 학습의 장이 되어야 한다. 그런 의미에서 산학産學이 협동하는 배움은 평생 학습을 실현하는 데 훌륭한 역할을 한다.
　세계 여러 나라 중에서 성인 학습이 가장 낮은 곳이 한국이다. 또 기업의 경쟁력이 서구 선진국들에 비하여 뒤처지는 것은 최고 경영자뿐만 아니라 모든 기업의 조직인들이 평생 학습 능력이 떨어지기 때문이다. 이 책은 우리나라의 기업 중에서 이렇게 평생 학습을 실천하는 기업이 있다는 것을 확실히 알게 해 준다. 이 책에서는 학교에서는 느끼지 못한 재미있고 유익한 내용들이 많다.
　모든 지식과 학문의 목적은 인간의 삶의 존엄성과 행복 추구에 있으며 이러한 목적의 달성은 평생 학습이 이루어질 때 비로소 가능하다. 기업도 마찬가지다. 기업은 인간의 삶의 행복과 질적 수준의 향상에 기여하는 궁극적인 목표가 이루어져야 성장을 할 수 있다.

요즘처럼 불황과 어려움 속에서도 적극적인 기업 교육을 통하여 지속적인 성장 발전의 모범이 되는 훌륭한 기업의 사례와 그 속에서 성실하게 학습하는 조직인이 있다는 것은 놀라운 일이다. 의학이 다른 인문 과학에 비하여 발전하는 것은 끝없는 실험 정신을 통하여 지식과 이론을 검증하기 때문이다. 유혜선 차장이 실천하는 서비스 마케팅의 이론과 지식은 기업 현장에서 몸소 실현하고 검증한, 훌륭한 기술들이다.

많은 대가들의 지식과 이론이 기업 교육 현장과 접목하기 위해서는 유혜선 차장과 같은 성실한 학습 인간이 많이 나와 주기를 진심으로 기대한다.

연세대학교 교육학과 교수 / 교육 철학 박사 한 준 상

21세기를 리드하는 핑크칼라

인간은 본질상 항상 배우고 학습하는 존재이다.

더욱이 21세기 지식 정보화 시대를 맞이하여 지식이 또 하나의 자원으로 인식되면서 평생 학습에 대한 욕구도 증대되고 있다. 이러한 시대에 스스로 학습할 수 있는 능력을 갖춘다는 것은 올바른 방향으로 조직과 사회를 이끌어 가는 원동력이라 할 것이다.

유혜선 차장님은 기업 현장에서 교육을 담당하며, 배운 것을 실천하고 후배 양성에 힘쓰던 사람이다. 연세대학교 교육대학원에서 강의를 통하여 만난 그녀는 당당하고 활기찬 여성이었다.

나는 그녀를 핑크칼라Pink Collar로 분류한다. '21세기형 핑크칼라'는 지식 정보화 시대에 지적 능력과 창의력을 갖춘 골드칼라Gold Collar 중에서도 여성의 섬세함으로 새로운 패러다임을 열어 가는 또 다른 유형이라 할 것이다. 이 책은 지적 능력과 창의력에 바탕을 둔 섬세한 여성의 손길로, 20여 년 동안 기업 현장에서 고객 문제를 몸소 부딪히며 체득한 경험들로 엮어 내었다. 여성의 몸으로 조직 생활 속 갈등을 슬기롭게 헤쳐 나가는 지혜를 엿볼 수 있을 것이다. 기업 현장에서 본인의 사례를 재미있게 서술하면서도 학문적 대가들의 이론을 놓치지 않았으며, 꼭지마다 지성과 감성의 융화로 예리하면서도 흥미를 잃지 않는 글의 전개로 책을 놓지 못하게 한다.

  이 책은 이 시대 모든 여성 후학들과 현장에서 고객을 대하는 서비스 종사자들, 교육이라는 범주에 관심을 가진 사람들에게 권하고 싶다. 그녀의 당당함으로 엮어 낸 이 책만큼, 앞으로도 많은 경험의 글들을 통해 당당한 핑크칼라의 리더로서 후배들의 귀감이 되어 주기를 바라마지 않는다.

교육인적자원부 교육정보화추진 총괄팀장
교육 공학 박사/서기관   양 열 모

정보화 시대 다음은 감성서비스 시대

얼마 전에 아이들과 함께 「아이로봇」이라는 영화를 보았다. 2035년이 시대적 배경이다. 지능을 갖춘 로봇이 인간의 일상적 삶을 돕는다. 로봇은 "인간을 다치게 해선 안 되며, 행동하지 않음으로써 인간이 다치도록 방관해서는 안 된다"는 제1원칙을 갖는다. 그러나 진화한 로봇은 그 원칙에 충실하다가 그 자체의 논리로 인해 인간을 가두려 한다.

기계는 이미 오래 전에 인간의 힘man power을 대체하였다. 이제 컴퓨터와 인터넷이 인간의 지식을 앞서간다. 영화처럼, 머지않은 미래에 힘과 논리를 가진 로봇이 인간의 삶을 더욱 더 편리하게(?) 해 줄 것이다.

감성의 시대이다. 인간의 정체성은 그의 감성에 있다. 인간만이 사랑과 열정을 가지고 있다. 기계도, 컴퓨터도, 로봇도 인간의 꿈과 희망이 될 수는 없다.

유혜선 씨는 뜨거운 사랑과 열정을 가진 사람이다. 나는 유혜선 씨가 교육 대학원에 다니는 동안 그것을 발견할 수 있었다. 바쁜 직장 생활 속에서도 유혜선 씨는 동료들과 더불어 열심히 공부했다. 서비스 교육에 관련한 훌륭한 논문도 썼다.

CS Specialist

이 책은 가장 감성적인 서비스 분야를 다루고 있다. 유혜선 씨의 20여 년의 현장 경험과 그 경험에 대한 사랑과 열정이 한 글자 한 글자에 그대로 담겨 있다. 나는 유혜선 씨가 일을 하는 모습을 지켜보지는 못했다. 그러나 이 책에서 유혜선 씨가 자신의 일과 고객을 대하는 모습을 볼 수 있었다. 이 책을 통해서 유혜선 씨의 사랑과 열정에 진한 감동을 느낄 수 있을 것이다.

연세대학교 교육학과 교수 / 교육대학원 부원장 장 원 섭

도전하는 여성이 아름답다

웅진에서 20년 동안 함께한 '귀한 여자 차장'이 사표를 내고 제2의 인생을 시작한다고 했을 때 나는 무척 섭섭했다. 조직에서 고급 간부로 성장한 여성은 가뭄에 콩 나듯 귀하니까 말이다. 기업에서 여성 리더는 대리 미만이 70~80퍼센트를 차지하고, 과·차장급은 1퍼센트도 되지 못하는 현실에서 차장의 중도 하차는 너무나 안타까운 일이었다.

한동안 아쉬워하다가 생각을 바꾸기로 했다. 웅진에서 갈고 닦은 '교육 전문가'로서의 역량을 세상에 나가 나누려는 계획을 가지고 있기 때문이다.

우리 사회는 남성 중심으로 강고하게 짜여져 있다. 이곳에서 여성으로서 조직에서 성공하기란 하늘에 별 따기다. 유리벽과 유리 천정을 뛰어넘어 가기에는 너무 많은 장애물이 있다. 그러나 21세기를 맞은 이 시기에 남성 중심의 구조에는 많은 변화의 물결이 있다. 그 중 가장 강력한 물결이 여성의 반란과 도전일 것이다.

여성들의 고위직 진출의 욕구가 급격히 상승하고 있다. 행정고시, 사법고시, 기술고시에 합격한 여성들의 수가 많아지고 20대 여성은 직업 선택의 필요성을 90퍼센트 이상 절감하고 있다. 이러한 거대한 변화를 받아들이고 국가 발전의 동력으로 활용하기 위해 '여성의 육성 전략'을 주요한 과제로 세우지 않으면 안 된다.

  2만 달러 국민 소득 달성을 위해서도, 출산율을 높이기 위해서도 '여성 육성 프로그램'은 절실히 필요하다. 그런 의미에게 육성 프로그램 전문가 유혜선의 이 책이 폭넓게 활용되기를 바란다.

  도전하는 여성에서 행운이 있기를……

웅진그룹 인재개발원장/이사 최 정 순

서 문

당당한 자세와 전문성 있는 직업 정신으로……

한때 기업들이 유행처럼 떠들던 고객 만족 운동이 최근에 다시 새로운 중요한 경영의 이슈로 등장하고 있다. 제2의 IMF라고 느낄 정도의 경제적 불황 속에서 모든 기업들이 열심히 고객 만족을 실천하고 있지만, 그렇다고 다 성공하는 것은 아닌 것 같다.

방법을 모르고 열심히 하면 할수록 더 힘들어진다. 그것은 엄청난 낭비이다. 열심히 많이 하는 것과 잘해서 성과를 내는 일은 그 방법론에 있어서 차원이 다르다. 선택과 집중의 면에서 보면 잘하는 것이 목표이지, 열심히 하는 것이 목표는 아니다. 기존의 틀에 박히고 형식적인 고객 만족 운동이나 친절 운동이 별로 성공을 거두지 못한 이유는 그 기업의 본질에 맞는 정확한 CS(Customer Satisfaction)가 실천되지 못했기 때문이다.

오늘날은 경쟁의 시대이다. 상품 경쟁, 프로세스 경쟁의 시대를 넘어서 이제는 서비스 경쟁의 시대라고 한다. 고객 접점에서 직원 한 사람 한 사람의 서비스 마인드에 따라서 기업의 성패가 좌지우지되는 것을 보면, 고객 만족이 기업의 생존에 얼마나 중요한 부분을 차지하는지 알 수 있다.

요리를 잘하기로 소문난 중국집이 있다. 음식 맛은 나무랄 데 없이 좋은데 여럿이 함께 가서 코스 요리를 주문하면 일단 불안해진다. 종업원이 사람 수에 맞춰 음식을 일정하게 배분하지 못해서 음식이 중간에 떨어지지 않을까 걱정이 되는 것이다. 그래서 그 중국집에 한 번 가 본 사람들은 다음부터 대부분 옆 중국집으로 간다. 옆집은 종업원들이 정확하게 분배도 잘할 뿐 아니라 상냥하고 친절하며 더할 나위 없이 편안하기 때문이다.

"운전사의 미소가 자동차를 대신할 수 없다"는 말이 있다. 운전사가 친절하면 그가 운전하는 자동차도 최고급처럼 느껴질 것이다. 그렇지만 오늘날의 CS는 멋지고 성능 좋은 자동차는 물론 멋있는 운전사의 친절한 미소까지 볼 수 있게끔 하는 것이다. 단순히 친절한 것으로는 고객 만족을 끌어내지 못한다. 서비스를 제공하는 시스템과 서비스를 제공하는 사람의 능력 등이 바로 기업의 경쟁력이 된다.

오늘날의 고객 만족이 경영의 전체적인 시스템을 흔들고 있는데, 기업은 아직도 기존의 친절 서비스 교육으로 대응을 하고 있다. 유행처럼 구호로만 하는 친절 서비스 교육은 열심히 한다고 해도 성공하지 못하는 대표적인 사례 중의 하나이다.

시중에서 고객 만족에 관한 많은 책을 보고 저명한 강사의 강의를 많이 듣지만 실무자의 입장에서 보면 지나치게 이론에 치우쳐 있고, 당장 우리의 현실에 적용하기에는 너무나 제한적이라는 생각이 든다. 또 기존의 CS 강의는 획일적인 서비스 교육이거나 지나치게 고객만을 위해야 한다는 굴종적인 친절 교육에 지나지 않기 때문에 일에 대한 자부심과 기업 경영의 생산성과 효율성을 고민해야 하는 오늘날의 고객 만족에는 너무나 역부족인 듯하다. CS는 친절 운동이 아니라 기업의 이익을 내는 마케팅 활동이다. 기업의 진정한 업業의 본질이 무엇인지를 정확하게 파악하고 그 본질에 맞는 제도나 형식을 도입해야 한다. 그 다음 그에 맞는 구체적인 방법론이 제시되어야 한다.

고객은 회사 내부의 문제가 어떤 과정을 치르더라도 그 결과물만 취할 뿐이다. 따라서 오늘날 기업에는 총체적 품질 경영(TQM : Total Quality Management)이 요구되고 있으며, 이것을 고객 만족 입장에서 보면 CSM(Customer Satisfaction Management)이라고 할 수 있다.

나는 우리나라 대표적인 서비스 마케팅 회사인 웅진에서 20여 년을 근무했다. 렌털 정수기 관리 사원인 Cody의 CS 아카데미와 웅진 씽크빅 교사의 CS 교육팀장을 지내면서 현장에서의 서비스 교육의 이상과 현실을 맨몸으로 부딪쳐 가면서 실질적으로 기업의 이익 창출에 기여하는 서비스 교육이 무엇인가를 고민했다.

이 책에서는 서비스 현장에서 고객과 함께 열심히 뛰고 있는 수많은 서비스 종사자들과 그들을 육성하고 있는 교육 담당자들이 시행 착오를 줄이면서 좀더 당당한 자세와 전문성 있는 직업 정신으로 업무를 수행할 수 있도록 서비스 이론과 사례를 중심으로 정리해 보았다.

고객 만족을 위하여 고민하고 있는 많은 분들에게 기업에서의 실질적인 사례와 구체적인 방법을 찾는 데 많은 도움이 되기를 진심으로 바란다.

CONTENTS

서문	당당한 자세와 전문성 있는 직업 정신으로……	14
글을 시작하며	• 서비스는 마케팅이다	20
	• 서비스는 당당한 것이다	
	• 서비스는 시스템이다	

CHAPTER I Before Service
고객이 있어야지

고객 만족의 시작	34
서비스에도 품질이 있다	42
성장 시장과 성숙 시장	46
서비스가 퓨전의 핵심이다	52
불황일 때 톡톡 튀는 아이디어	56
무서운 N세대 아이들	60

CHAPTER II In Service
접점에서 최선을 다하기

고객 만족 MOT	66
성공하는 사람들의 표정과 자세	72
빅마우스와 스몰토크	78
반 발짝 앞선 정보의 셀링 포인트	84
칭찬은 마음의 꽃다발	90
느낌을 주는 서비스	96

CHAPTER III After Service
한 번 고객을 평생 고객으로

웅진의 고객 만족 전략	104
깔때기 고객 관리	110
충성 고객 만들기	118
보유 능력과 발휘 능력	124
CO-WORK하라	130
작은 습관의 힘	134

CS Specialist

CHAPTER IV 조직은 유기체다
- 142 조직은 유기체다
- 148 21세기 생산 방식
- 152 원칙과 시스템
- 156 리더십의 새로운 가치에 대하여
- 162 결과를 보여줘 봐
- 166 시스템 사고
- 170 시장 지향적 기업 교육

CHAPTER V 테마와 스토리가 있는 감성 서비스
- 182 파리 붕어빵과 석봉 토스트
- 188 JAL 항공의 혼이 깃든 서비스
- 194 빌려 드립니다
- 198 코디 엄마
- 204 CS Dr.와 사파리 엔터테이너
- 210 조폭 마누라 지점장
- 214 스토리텔링 마케팅

CHAPTER VI 늘 애인이 많은 여자
- 222 교육 엔터테이너에서 CS 스페셜리스트로
- 226 원미 공원에서
- 230 이 땅에 여자로 태어나서
- 236 꿈이 나를 자유롭게 하리라
- 242 섹시한 마녀 핑크칼라의 시대

- **246 글을 마치며**
- **249 부 록**

글을 시작하며

몸통과 깃털 한때 정치적 사건 중에 몸통과 깃털론이 있었다. 문제의 핵심은 건드리지 못하고 깃털만 몇 개 뽑아서는 아무런 문제의 해결이 되지 않는다는 의미이다.

기업에서는 CS(고객만족)경영을 부르짖으면서 고객 접점 직원들의 친절 서비스 교육만 하고 있다. 왜 고객만족=서비스 교육인가. CS 강사들을 보면 항공사나 호텔에서 친절 서비스 교육하던 사람들이 대부분이다.

CS 경영과 친절 서비스 교육은 어떤 점에서는 완전히 다른 차원의 문제라고 생각한다. 시장 경쟁의 논리에서 보면 이제 기업 경영의 칼자루가 기업에 있는 것이 아니라 고객의 손에 쥐어져 있다는 것을 우리는 알고 있다.

오늘날의 고객 만족은 경영의 몸체를 건드려야 함에도 불구하고 아직도 두 손 잡고 예쁘게 웃으며 각도 맞춰 인사하는 획일적인 서비스가 어떻게 고객의 이익을 만들어내는데 기여를 할 수 있다고 생각하는지 모르겠다.

몸체는 굳어있고 깃털에만 예쁜 색칠로 포장하는 것과 같은 것이다. 기업의 아름다운 비행을 위해서 가장 훌륭한 CS 강사는 친절 서비스 강사가 아니라 그 기업의 CEO나 임원들이 되어야 한다고 생각한다.

CS 교육팀장을 하면서 이러한 패러다임이 항상 의문이었고 또 불만이었다. CS 교육이 친절 서비스 교육이라는 기존의 논리를 완전히 뒤엎고, 고객과 기업의 이윤 창출 측면에서 CS 경영의 새로운 프로세스를 만들어야 한다고 생각한다. 서비스 교육은 그러한 경영 전략을 달성하는 하나의 수단이나 교육 과정에 지나지 않는다. 같이 공유하고 이해하고 참여할 수 있어야 서비스 자체가 당당하고 깔끔해진다. 그렇지 못하면 비굴하고 굴종적인 서비스에 지나지 않는다.

기업의 재무적 가치 창출이라는 점에서 서비스는 당연히 마케팅이어야 하고, 표준화된 서비스의 품질을 유지하기 위해서 서비스는 시스템이어야 하며, 그 시스템 속에서 모든 구성원은 당당하게 전문성으로 무장되어 있어야 한다. 이러한 지속적인 노력이 변화와 혁신Change & Innovation이며 또한 그것이 경쟁력이다.

서비스는 마케팅이다

뒷머리가 뻐근하거나 땡기는 피로가 오면 가끔은 백화점에 가서 향수 쇼핑을 한다. 향수라는 것은 선물로 받을 때도 있지만 내가 좋아하는 향을 고르는 즐거움이 있기 때문에 피로도 풀 겸 가끔 쇼핑을 즐기곤 한다.

어느 세미나를 마치고 서울 시내 큰 백화점에서 후배와 함께 향수를 하나씩 샀다. 점원 아가씨가 상품 구입시 고객이 받을 수 있는 혜택에 대해서 설명을 하는데 도대체 무슨 말인지 알아 들을 수가 없었다. "무슨 말인지 못 알아 듣겠으니 톤을 좀 낮추고 천천히 이야기해보라"며 다시 물었다.

내용인즉, 내년부터는 향수를 구입하면 연말에 세금공제를 받을 수 있지만 올해는 그 대신 회사 이벤트에 참여할 수 있는 혜택을 드리고 있으니 단말기에 주민등록번호를 입력하라는 것이다. 얼굴은 웃고 있는데 계속 높은 톤에 변화없는 목소리로 이야기하니까 듣는 사람 입장에서는 짜증이 났다.

그 점원은 내 얼굴이 찡그려지는 것을 전혀 의식하지 못하는 것 같았다. 요즘은 전화국의 114 안내도 그렇게 하지 않는다고 하는데, 아마 '솔'톤의 목소리를 유지하라고 교육을 받은 것 같았다. 그리고 같이 간 사람이 다행히 편한 사람이라서 상관이 없었지만, 주민등록번호를 선뜻 밝히기 꺼려지는 사이였으면 얼마나 그 상황이 어색하고 불쾌했을까?

그 점원에 대한 불쾌함보다는 아직까지도 우리나라 최고 백화점의 고객 서비스 수준이 이 정도밖에 되지 않은가에 대한 실망스러움이 더 컸다. 선물 받은 상품권으로 구입했기 망정이지 현찰을 지불하고 사야 하는 입장이었다면 당장 그냥 나왔을 것이다.

고객 만족이란 '고객에게 잘해주기만 하면 되는 것 아니냐'고 흔히 이야기하지만, 기업의 입장에서는 고객에 대한 비용과 투자에 비례해서 기업의 이윤을 창출해 내야 하고 고객의 입장에서는 기분 좋게 서비스를 받았다는 느낌이 드는, 쌍방향 커뮤니케이션이 되어야 한다.

　기업은 고객의 마음을 읽는 서비스를 해야 한다. 고객이 어떻게 생각하든지 아랑곳하지 않는, 일방적인 서비스로는 절대로 고객의 지갑을 열게 할 수 없을 뿐더러 고객의 마음을 붙잡아 둘 수도 없다.

　그래서 서비스는 철저한 마케팅 차원에서 접근되어야 한다. 왜냐하면 대 고객 접점에서의 서비스가 직접적으로 문제를 해결하고 이익을 창출해 낼 수 있는 실마리가 되고 있기 때문이다.

　요즘 고객 만족에 대해 이야기를 하면 흔히 고객지향이라는 말을 떠올린다. 고객지향의 반대 개념은 생산자지향 또는 내부지향이다. 과거의 생산자 중심의 고객 만족에서 소비자 중심의 고객 만족으로 바뀌어감에 따라 고객지향이라는 말은 생산자지향의 시대를 극복하는 하나의 방향성을 나타내고 있을 뿐이다. 요즘같이 고객의 취향이 고급화, 다양화, 개성화되는 시대에는 단순히 방향성을 나타내는 고객지향성보다 전략적 개념을 띤 시장지향성이란 말이 어울린다.

　시장지향성이란 고객 만족의 개념을 조직 내로 확산시키고 접목시키는 것으로 고객 만족을 최우선으로 여겨야 하는 기업이 지향해야 하는 조직 개념 중의 하나이다. 따라서 시장지향성이라는 말은 고객 만족을 위한 높은 가치를 창조하는데 필요한 직원들의 행동을 효과적, 효율적으로 창출하는 것이다. 또한 그것은 기업에게 월등한 성과를 지속적으로 제공하고, 일종의 기업 문화로 자리잡기도 한다.

　과거의 서비스는 고객과 단순히 접점에서 이루어지는 거래의 개념에 지나지 않았다. 그때는 거래가 이루어지는 그 순간에 최대한 고객을 만족시키면 되었지만, 지금의 환경에서는 한 번 고객을 평생 고객으로 묶어 놔야 하는 지속적인 관계의 개념으로 훨씬 더 포괄적인 의미를 가지기 때문에 소극적인 서비스 마인드로는 오늘날의 다양한 고객을 감당하기 힘들다.

따라서 보다 폭넓은 의미에서 고객의 니즈를 예리하게 발견하고, 서비스를 창출하며, 고객의 요구를 한단계 진화·수용해야 한다. 즉, 고객과 관계를 맺는 모든 단계에서 진정한 서비스가 시작되어야 한다. 서비스를 통하여 고객의 접점을 새롭게 지속적으로 창출해 내야 한다는 뜻에서 보면 그 서비스는 당연히 적극적이고 공격적인 마케팅이 되어야 한다.

미국의 시장지향성 개념의 대표적인 학자인 Jawoski와 Kohli 교수는 시장지향성이 사업 성과에 영향을 주는 확실한 예측 변수이기 때문에 다음과 같은 세 가지의 요소에 의하여 경쟁 환경에 대응하도록 제안하였다.

그 세 가지 핵심내용을 요약하면 첫째, 소비자의 현재와 미래욕구에 대한 정보 및 경쟁자에 대한 정보를 수집하는 시장 정보의 창출intelligence generation이다. 경영 컨설턴트로 활동하고 있는 윤은기 소장은 속도의 경제를 중시하는 오늘날 정보화 사회에서의 정보는 환경 변화 속도보다 빨라야 하고 경쟁자보다, 고객의 요구보다 시장 정보가 빨라야 한다고 하였다.

둘째, 이러한 정보를 바탕으로 소비자의 욕구를 충족시킬 수 있는 전략의 수립과 실행을 위한 전사적 노력인 시장 정보의 확산intelligence dissemination이다. 정보 확산의 가장 훌륭한 채널이 교육이다. 교육도 최소의 비용과 최대의 효과를 내는 경제성의 원칙에 입각하는 시장지향적 기업 교육의 확산을 말한다.

셋째, 이미 창출되고 확산된 시장정보를 적극 활용하는 단계인 전사적 반응organization-wide responsiveness이며, 이러한 노력은 대내외적인 평가 모니터링을 적극적으로 활용하여 자신의 수준을 진단하고 평가하여 기업의 차별적 우위를 높이는 것이다.

이 세 가지 내용이 서비스 마케팅에서 고객 만족의 실천을 위한 조직의 개념이라면 대 고객 접점에서의 서비스 행동 전략은 다음과 같이 나누어 볼 수 있다.

기존 고객을 포함하여 잠재고객, 가망고객의 요구를 언제 어디서든지 예리하게 감지sense하는 Before Service, 즉 고객이 요청하기 전에 미리 알아서 서비스를 하는 단계로 고객이 몰랐던 사실까지 인지하게 하는 적극적인 서비스의 단계이다. 이 단계는 바로 공격적 마케팅의 창출이라고 할 수 있다.

요즘 각광받고 있는 비즈니스 모델인 웅진코웨이개발의 렌탈정수기 코디들의 정기점검 서비스가 바로 Before Service이다. 대문을 통과하지도 못하는 기존의 방문판매 시스템의 한계를 극복하여 고객들이 기다리는 것을 당연하게 여기는 성공적인 서비스 상품이라고 할 수 있다.

대부분의 기업들이 이 단계를 무시하거나 영업하는 사람들의 몫으로만 생각하고 있다. 그러나 이 단계는 영업과 서비스, 관리가 동시에 일어나는 적극적인 고객 창출의 단계이기 때문에 선택과 집중의 면에서 모든 기업의 전략과 교육, 경비의 80퍼센트 이상을 이 Before Service 단계에 집중하라고 권하고 싶다.

다음 단계는 감지된 서비스를 신속 정확하게 대응response하는 In Service이다. 현재의 모든 서비스 교육이 이 단계에만 머물러 있는 이유는 서비스 매너와 친절을 중요시하는 항공사나 호텔 출신의 강사들이 대부분 교육을 하고 있기 때문이다. 오늘날과 같이 치열한 경쟁의 시대에는 한 번의 고객을 평생의 고객으로 붙들어 놔야 하기 때문에 그러한 교육만으로는 도저히 기업의 경쟁력을 기대할 수 없다.

그리고 여기에 고객의 요구에 맞는 서비스를 신속·정확하게 처리 응대하고,

지속적으로 고객의 요구를 진화·수용하여 고객과의 관계를 유지시켜 나가는 After Service를 포함하여 Total Service Quality System이라 말한다.

서비스의 세 가지의 영역을 포함하는 종합 서비스 마케팅 시스템을 아래의 도표로 정리해 볼 수 있다.

오늘날의 서비스 정책, 고객 만족 경영은 모두 기존 고객을 평생 고객으로 유지시킬 수 있는 역량을 키우는 것이며, 이는 절대적인 기업의 목표와 기업의 생존 전략과 연결된다. 이러한 포괄적인 서비스 영역을 기존의 항공사나 도우미의 접점에서 보여주는 친절 서비스만으로는 이 시대의 요구를 도저히 감당할 수 없다. 부정되어서도 안 되고, 포함하거나 완전히 능가하는 서비스가 되어야 한다.

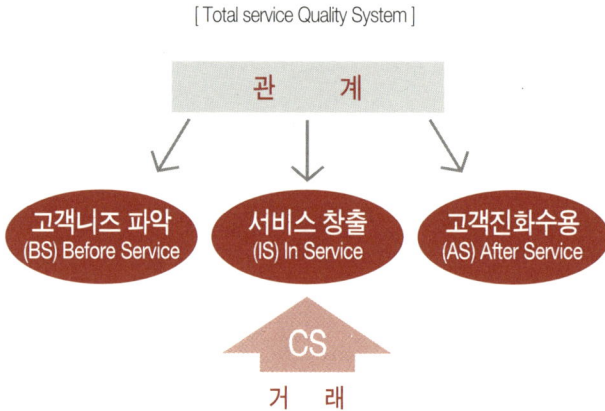

이것은 서비스 주체자의 문제이다. 기존의 고객과의 접점에서는 서비스 문제 해결의 주체자가 서비스를 제공자가 아니라 고객이었다. 그저 친절하게 미소 짓고 고객의 마음을 기분 좋게 해주기만 할 뿐 문제 해결은 고객 본인이 스스로 알아서 해야 하는 소극적 자세였다. 그러나 오늘날의 서비스는 문제 해결의 주체자가 고객이 아니라 서비스 행위자가 되어야 한다는 의미다.

그렇다면 향수를 파는 점원 아가씨의 경우, 일방적인 높은 톤의 목소리로 고객을 대할 것이 아니라 향수에 대한 전문적인 지식과 소견을 가지고, 고객의 기분을 금방 알아차려 그 기분에 맞는 편안한 서비스 응대를 할 수 있어야 한다.

이러한 의미에서 고객 접점의 서비스는 상당히 포괄적이고 다양한 영역의 서비스 개념을 요구하고 있다. 고객의 개성화, 소품종, 다양화의 시대에서 누구에게나 획일적으로 적용되는 고객의 서비스는 이미 그 생명력을 잃어버렸기 때문이다.

서비스는 당당한 것이다

그렇다면 오늘날 진정으로 고객이 원하는 서비스가 무엇이고, 기업에서 요구하는 서비스의 궁극적 목적의 달성을 위한 노력은 어디까지 실천되어야 하는지, 또한 그 방법이 무엇인지에 대하여 진지하게 고민해 보아야 한다.

서비스라는 것이 모양이나 색깔, 형체가 정해져 있거나 정해진 정답이나 매뉴얼대로 된다면 얼마나 쉽겠느냐마는, 서비스는 절대적으로 주관적이고 상대적이며 상황에 따라 수많은 변수들이 작용하기 때문에 무엇보다도 서비스를 실천하고자 하는 사람의 마인드가 중요하다고 할 수 있다.

이는 서비스가 가진 특성, 즉 다른 상품과는 달리 객관적으로 볼 수도 없고 물체처럼 만질 수 없는 무형성intangibility, 생산과 소비가 동시에 일어나는 비분리성inseparability, 누구나 똑같은 균등한 품질 수준의 달성이 어려운 이질성heterogeneity, 생산과 동시에 소멸되어버리는 소멸성perish ability의 4대 특성 때문이라고 말할 수 있다.

그런데 흔히 서비스를 실천하는 데 있어서 상대방에 대한 배려와 사명감이 지나치게 강조되다 보니 스스로 자신을 비하하거나 너무 낮은 자세를 취하여 매우 굴종적인 서비스의 태도를 취하는 경우가 많다. 하지만 서비스 실천의 방식과 서로의 관계가 명쾌하게 공유되어 있지 않은 상태에서의 지나친 굴종적인 태도는 상대방으로 하여금 상당한 불편함과 부담을 주게 된다.

"고객은 왕이다" "고객은 언제나 옳다" 등으로 고객에 대한 격상을 통하여 고객 만족을 유지 또는 상승시키려는 의도는 좋으나, 이는 상대적으로 자신을 신하나 머슴 같은 존재로 비하하는 서비스가 되어 결코 높은 수준의 고객 만족을 기대하기는 어렵다.

어떠한 고객도 직원이나 회사가 자신의 머슴이나 종이 되어주기를 원하지 않는다. 최고의 사람으로부터 최고의 질 높은 서비스를 받고 싶을 뿐이다. 고객을 왕이라고 한다면 왕을 도와주는 사람이 하인이 아니라 전문가이기를 원한다. 서비스는 종속적이거나 굴종적인 태도에서 벗어나 오히려 실질적으로 고객의 문제를 도와줄 수 있는 전문가다운 당당한 서비스가 훨씬 더 고객만족을 지속적으로 유지시킬 수 있다.

이것은 앞에서 말한 서비스 주체의 문제와 같은 맥락이다. 고객의 문제를 직접 해결해 줄 수 있는 전문적 지식과 사람의 마음을 읽을 수 있는 능력을 가지고 있으면 내가 주체자가 될 수 있지만 그런 능력을 가지지 못하면 알맹이 없는 형식적이고 수동적인 서비스를 할 수밖에 없다.

당당하게 고객과 눈높이를 맞추고 고객의 마음을 읽을 수 있는 서비스 전문가가 되어야 한다. 이를 위해서는 고객이 요구하는 서비스의 본질을 잘 이해해야 한다. 그리고 고객이 무엇을 원하고 있는지를 제대로 파악해야 한다. 자기 입장에서의 일방적인 서비스는 의무감에서 행하는 형식적인 행동에 지나지 않는다는 것을 고객이 너무도 잘 알고 있기 때문이다.

서비스는 시스템이다

몇 년 전 우리나라 국민들의 무질서성과 시민의식의 부족에 대하여 고발하는 TV 프로그램이 있었다. 은행에 사람들이 한 줄로 늘어서 있는 가운데 새치기하는 사람, 오래 기다린다고 아우성인 사람이 카메라에 잡혔다. 그런데 몇 년 후 은행에서 차례를 기다리며 소파에서 책을 보고 있는 우리나라 국민들의 선진국형 질서의식의 수준에 대하여 칭찬하는 프로가 방영되었다.

내가 보기에는 처음이나 나중의 사례나 다 똑같은 우리나라 국민들이었다. 똑같은 국민들을 놓고 처음에는 무질서하다, 나중에는 수준 높다고 평가하는 것은 '번호표라는 서비스 시스템이 생기고 난 뒤부터'라는 생각이 든다.

CS 교육팀을 운영하면서 매번 부딪치는 문제이지만, 대부분의 사람들은 고객만족 정책에 의한 전사적 서비스 교육만 한차례 하고 나면 모든 것이 금방 달라진다고 생각한다. 교육이라는 것이 원래 효과가 나타나지 않는 것이 아닌가? 그래도 다른 교육에 비해서 서비스 교육은 금방 외형적으로 분위기가 조금씩 달라져 보이기도 한다. 그것이 교육의 효과라고 하지만 사실 그렇지 않다.

아무리 좋은 교육도 그 교육효과의 지속성이 유지되기 위해서는 시스템적으로 업무와 본질적인 연관이 있어야 한다. 시스템 없이 친절 교육만 하면 그야말로 한 차례의 교육 행사에 지나지 않는다.

서비스 교육은 재미있고 현실적인 실사례 교육이며 주로 예쁜 강사들이 강의를 하기 때문에 분위기상 모두들 좋아한다. 그런데 거기서 끝나면 절대 안 된다. 시스템이 보완되지 않으면 그냥 보기 좋은 떡으로만 끝나는 경우가 많다.

사람을 대하는 서비스가 어떻게 획일적인 시스템에 의하여 질적 가치가 높아질 수 있느냐고 반문할 수도 있다. 그렇다면 서비스가 마인드의 문제인가, 시스템이 문제인가 하는 것은, 닭이 먼저인가, 계란이 먼저인가 하는 것과 같다.

시스템적 프로세스나 사고가 안정된 선진국에서는 시스템 자체를 깨부수는 인간적인 서비스를 주장하기도 한다. 그러나 우리나라처럼 아직도 모든 일을 시간과 몸으로 때워야 하는 조직 문화에서는 그러한 일을 간추려주는 시스템이 당연히 먼저 필요하다. 각자의 기준에서 '열심히'만 하는 업무의 질서와 기준에 시스템이 뒷받침됨으로써 최소한의 표준화가 정립된다. 거기에 순발력 있는 서비스 마인드를 가진 직원이 더해지면 더욱더 차별화된 대외경쟁력을 가릴 수 있다.

또한 시스템이라는 것은 정보화 사회의 필수 사항이다. 정보화 사회의 시스템은 투명성, 신뢰성을 언제든지 검증 받을 수 있는 도구가 된다. 모든 고객이 평가하는 서비스에 대한 가치가 오차 없이 반영되고, 또 그로 인해 고객이 누릴 수 있는 최소한의 혜택은 시스템적인 프로세스가 존재할 때 가능해진다.

어쩌면 이러한 시스템 구축에 필요한 값비싼 경비를 싼 인력으로 대체하고 있는지 모른다. 그러나 이것은 단지 대체 가능한지에 대한 여부를 떠나 생산성과 효율성의 문제이며, 고객이 어떻게 느끼는가에 대한 가치의 문제이다.

I
Before Service

고객이 있어야지

마케팅에서 R&C Resource & Capability, 즉 그 회사의 자원과 역량이 무엇인지를 정확하게 이해를 하고 그 역량에 맞는 서비스를 창출해야 한다. 결국은 서비스의 궁긍적 목적은 그 기업의 이윤을 창출해 내고자 하는 데 있다. 기존의 획일적인 친절 서비스에서 보다 적극적인 고객 만족의 경영정책으로 나아가기 위해서는 서비스가 하나의 경영 혁신 운동이 아니라 이윤 창출의 주체가 되어야 한다.

CS Specialist_유혜선의 당당한 서비스

1. 고객 만족의 시작
2. 서비스에도 품질이 있다
3. 성장 시장과 성숙 시장
4. 서비스가 퓨전의 핵심이다
5. 불황일 때 톡톡 튀는 아이디어
6. 무서운 N세대의 아이들

1. 고객 만족의 시작

러시아의 한 병사가 독일에서 전투에 참가했다. 독일의 어느 마을에서 그는 집안을 훤히 밝혀 주는 전구라는 것을 난생 처음 구경할 수 있었다. 그러고는 자신의 마을에서는 보지 못한 신기한 물건이라서 고향으로 돌아갈 때 꼭 가져가겠다고 마음먹었다. 하지만 독일에서 가져온 전구는 고향에서는 아무리 해 봐도 불이 들어오지 않았다. 불이 들어올 수 있는 전력 시스템이 갖추어져야만 전구에서 불이 들어온다는 사실을 러시아 병사는 몰랐던 것이다.

다니엘 벨Daniel Bell의 말에 따르면, 21세기 탈공업화 시대로 돌입하면서 선진국에서는 3차 산업이 전체 산업의 60퍼센트 이상을 차지하고, 그 중에서 서비스업 종사자가 60퍼센트 이상을 차지하기 시작했다고 한다. 1970년대 초부터 미국의 하버드 대학을 중심으로 'CS'(고객 만족Customer Satisfaction) 서비스에 대한 연구가 시작되었고 1970년대 말부터 스칸디나비아 항공의 CS 경영 사례가 전 세계의 주목을 끌기 시작하면서 새로운 시대의 경쟁 체제가 시작되었다.

고객은 항상 옳다고 생각하라. 이제는 단순히 상품을 판매하는 시대는 지났다. 실제로 고객과 거래하는 대상이 유형의 물질이더라도, 그것은 기업의 문화나 이미지의 거래이기 때문이다.

우리나라에 '고객 만족'이라는 용어가 도입된 것은 1980년도 후반이었다. 미국이나 선진국에서는 한창 고객 만족 경영의 구호가 유행처럼 번져 가고 있었지만, 우리나라에서는 그다지 큰 반향을 일으키지 못했다. 선진국의 기업 사례를 도입하기는 했지만 이를 뒷받침해 줄 수 있는 사회적 기반 역량이 전혀 갖추어지지 않았기 때문이다. 그래서 단순히 구호나 유행처럼 따라하는 실속 없는 고객 만족을 행할 수밖에 없었다.

하지만 이제는 자신의 회사나 개인의 입장에 맞는 고객 만족을 실행해야 한다. 궁극적으로 고객 만족을 해야 하는 이유가 무엇인지, 즉 업(業)의 본질을 정확하게 파악하고 있어야 한다. 마케팅에서 R&C(Resource & Capability), 즉 회사의 자원과 역량이 무엇인지를 정확하게 이해를 하고 그 역량에 맞는 서비스를 창출해야 한다는 것이다. 결국 서비스의 궁극적 목적은 기업의 이윤을 창출해 내는 데 있다. 기존의 획일적인 친절 서비스에서 보다 적극적인 고객 만족의 경영 정책으로 나아가기 위해서는 서비스가 하나의 경영 혁신 운동이 아니라 이윤 창출의 주체가 되어야 한다.

고객은 누구인가? 흔히들 "고객은 왕이다, 신이다, 황제다"라는 현실성 없는 말로 서비스 자체를 비하하기도 하고, 강의 시간에 교육생들에게 물어보면 "고객은 밥이다, 봉이다, 블랙홀이다, 동반자다, 리모콘이다, 파트너다, 애인이다, 전설이다"라는 식으로 두루뭉술 다양한 얼굴로 표현하기도 한다. 고객은 우월감과 열등감을 동시에 가지고 있다. 따라서 항상 전문적인 지식과 겸손한 마음으로 대응해야 한다. 우리나라에서 최우수 서비스 기업의 모델로 손꼽히는 서울 리츠칼튼은 "우리는 최고의 신사, 숙녀를 모시는 신사, 숙녀입니다"라는 슬로건을 사용한다. 당당하고 구체적인 구호라고 생각한다.

CS의 변천

방송인 이숙영 씨가 네티즌들에게 사람과 사람 사이에 가장 호감을 나타내는 표현 중에서 '좋아한다'like와 '사랑한다'love의 차이에 대하여 어떻게 생각하는지 물었다.

- ▶ 누군가를 좋아하게 되면 말이 많아지고,
- ▶ 누군가를 사랑하게 되면 말이 줄어든다.
- ▶ 누군가를 좋아하게 되면 전화를 걸고 싶고,
- ▶ 누군가를 사랑하게 되면 전화하기가 두려워진다.
- ▶ 누군가를 좋아하게 되면 담배 피우는 모습이 멋있어 보이고,
- ▶ 누군가를 사랑하게 되면 담배를 끊으라고 말한다.
- ▶ 누군가를 좋아하게 되면 핸드폰 번호를 알고 싶고,
- ▶ 누군가를 사랑하게 되면 집 전화 번호를 알고 싶어 한다.

사랑하는 것과 좋아하는 것 사이에는 큰 차이가 있다. CS의 입장에서 보면 단순히 상품 경쟁 시대의 고객 만족을 Like라고 한다면 Love는 좀더 인간적인 접근을 시도하는 고객 감동의 차원이라고 할 수 있다. 그런데 오늘날은 고객 만족과 고객 감동의 차원을 넘어 고객 행복, 고객 성공의 경지에서 고객의 마음을 움직이게 할 수 있는 느낌Feel을 주는 서비스가 되어야 한다.

1세대	40대	고객 만족	인사 90°	Like	굴욕적·상하복종
2세대	30대	고객 감동	45°, 30°	Love	인간적 접근
3세대	20대	고객 졸도	Why?	Feel	Human skill

CS의 변천사에서는 지금의 40대가 고객 만족을 주장하던 1980년대 시대를 제1세대라고 하고, 1990년대 30대의 고객 감동 시대를 제2세대, 2000년대의 20대들이 주장하는 고객 졸도의 시대를 제3세대라고 한다.

제1세대에는 고객에 대한 서비스가 상당히 굴욕적이고 철저한 상하복종의 관계로 존재했다. 그때의 예절은 허리가 90°이거나 무릎을 꿇고 머리를 조아려야 하는 시대였다. 제2세대에는 사람을 너무 부담스럽게 하는 형식적이고 의례적인 불편한 격식에서 벗어나 좀더 인간적으로 접근하여 사람의 마음을 움직일 수 있는 예절을 필요로 했다.

오늘날 제3세대의 친절과 서비스에서는 내가 왜why 친절해야 하는지에 대한 이유를 정확하게 알아야 한다. 논리적으로 설득이 되지 않는 형식적인 서비스는 더 이상 가치가 없다. 일단 '왜?'에 대한 목적성이 분명하면 사람의 마음을 완전히 빼앗을 수 있는 방법을 찾는다. 여기에서 진정한 휴먼 스킬Human skill이 요구된다.

휴먼 스킬은 Like와 Love의 단계를 뛰어넘는 느낌을 주는 서비스라 말할 수 있다. 'I love you'보다 훨씬 더 감각적으로 와 닿는 말은 'I feel you'이다. 'I love you'는 단지 마음에 감동을 줄 뿐이지만, 'I feel you'는 호흡과 숨결을 같이하는 뼛속 깊은 영혼의 소리가 있어야 가능한 말이다. 느낌을 주는 서비스, 이러한 서비스가 오늘날 고객의 마음을 완전히 사로잡을 수 있으며, 한 번의 고객을 영원한 고객으로 이어갈 수 있다.

CS를 위한 3P가 있다. 그 3P에는 Product(상품), Process(유통), People(사람)이 있는데, 오늘날 서비스 경쟁이 치열하다는 것은 상품의 경쟁, 유통의 경쟁을 지나 사람에 의한 경쟁이 치열하다는 것을 의미한다.

상품Product의 경쟁 시대는 고객을 단순히 상품으로만 만족시키면 되었다. 그런데 고객 감동의 시대에는 상품과 그 상품의 전달 과정에서 좀더 인간적인 프로세스를 요구하게 되었다. 기왕이면 말 한 마디라도 친절하게 응대해 줄 수 있는 자세와 매너가 있어야 한다는 것이다.

그러나 지금은 상품의 우수성과 직원의 친절은 너무도 당연한 것이다. 상품 또는 기업과 한 번 인연을 맺음으로써 자신의 삶에 직·간접적으로 영향을 미치는 고객 행복, 고객 성공의 수준을 요구한다. 이제는 오로지 고객을 대하는 조직 구성원들의 서비스 마인드의 경쟁뿐이다. 세계적 다국적 기업인 HP의 칼리 피오리나Carly Fiorina 회장은 전 세계의 직원들에게 다음과 같이 선포했다.

> "People make up the business.
> And the business with the best people wins the competitive battle."
>
> 사람이 우리의 비즈니스를 만들어 갈 수 있다.
> 그리고 최고의 사람으로 무장된 비즈니스만이 경쟁의 전쟁에서 이길 수 있다.

숫자로 이야기하는 고객 만족

고객 접점Moment of Truth, MOT에서는 사람에 의한 차별화만이 경쟁의 전쟁에서 이길 수 있는 힘이 되는데, 여기서 Best People이란 지식이 많은 사람도 아니고 대단한 후광을 가진 사람도 아니다. 훈련된 사람, 교육된 사람, 전문화된 사람, 세련된 사람을 말한다. 이런 사람들만이 고객 접점에서 고객 니즈를 충족시키고, 기업이 기대하는 성과를 가져다 줄 수 있다. 이에 따라 오늘날 CS 교육은 이러한 Best People을 만들어 내는 데 교육의 목표를 둔다.

나는 고객 만족을 숫자로 이야기하기를 좋아하는데, 웅진에서 여러 차례 최우수 지점장상을 받은 자리에서 다음과 같이 수상 소감을 밝힌 적이 있다.

"여러분들이나 저의 지점이나, 고객에 대해 서비스하는 일은 똑같다고 생각합니다. 다른 점이 있다면 우리 직원들은 자신들이 하는 일을 숫자로 정리합니다. 그것을 매일 지점장인 제가 점검을 합니다. '고객을 만나는 일이 천차만별인데 그것을 어떻게 숫자로 정리할 수 있을까?' 하는 생각이 들겠지만, 여러분의 하는 일도 숫자로 한번 정리해 보십시오. 그러면 큰 힘이 생길 것입니다."

고객 만족에 대하여 이제껏 많이 들었던 이야기를 숫자로 정리해 보면 다음과 같다.

1 삼성연구소의 연구 발표에 의하면 시대에 따라 고객 욕구는 다음과 같이 변한다. 1970년대는 고객 욕구가 10인 1색이기 때문에 대중 마케팅이 가능했던 시대이며, 1980년대는 10인 10색의 일대일 마케팅 시대이다. 2000년대에는 1인 10색의 시기이다. 고객이 변덕스럽게 변하기 때문에 맞춤 서비스가 되어야 한다. 즉, 고객이 알고 있는 것보다 더 많이 알지 못하면 물건을 팔 수 없다.

2 스칸디나비아 항공을 승객 1인당 이익을 제일 많이 내는 초일류 기업으로 만든 얀 칼슨Jan Carlzon 회장은 고객 접점이라는 용어를 처음 도입했으며, 고객과 최초 접점에서 승부를 내는 데 걸리는 시간은 15초라고 했다.

3 고객이 이탈하는 사유 1위는 고객 접점에서 서비스 불량과 종업원의 무관심이다. 이는 미국의 품질 관리 협회의 통계에서 68퍼센트, 한국 소비자 품질 지수에서 73퍼센트를 차지하는 대답이다.

4 HP의 The Whole Product(총체적 상품) 개념에서는 $100 \times 0 = 0$, $100 - 1 = 0$ 이다. 고객은 회사의 최종 결과물에 의해서 그 회사를 평가할 뿐이지 내부에서 어떤 일이 벌어지든 신경 쓰지 않는다.

5 FedEx의 'Rework & Undo Cost'에 따르면 어떤 불량을 처리할 때 내부에서 처리하면 1달러가 들지만 외부에서 처리하면 10달러, 클레임으로 소송이 붙으면 100달러 이상이 든다.

6 일본의 마에다 연구소가 조사한 바에 따르면, 식당의 단골 고객은 많은 수가 '주인과 종업원의 서비스' 때문에 다시 찾는 것이며, 이는 전체 응답 중 68퍼센트를 차지했다. 2위는 18퍼센트로 식당의 분위기를 들었다. 3위는 12퍼센트로 주방장의 음식 맛이라고 했다.

CS Specialist

유혜선의 당당한 서비스

7 복사기 회사인 제록스에 따르면, 고객이 만족하면 1회 더 구매하지만 매우 만족하면 6회 더 구매한다.

8 「매킨지 보고서」에 의하면, 기존 고객 유지에는 1달러가 들지만 신규 고객을 창출하는 데는 5달러가 든다.

9 미국의 품질 관리 보고서인 「미스터 굿맨 리포트Mr. Good Man Report」에 의하면, 불만 고객 91퍼센트가 1명당 방해하는 신규 고객수는 20명이며, 그 91퍼센트의 13퍼센트는 이후 걸어 다니는 악성 광고탑이 된다.

10 HP는 고객 소개와 방해에서 아주 만족한 고객은 1명당 6~8명 소개하지만 아주 불만족한 고객은 1명당 10명씩 방해한다고 한다.

11 삼성연구소의 10-10Ten-Ten의 법칙에 따르면, 고객을 잃는 데 10분이 걸리지만 그 고객이 다시 오는 데는 10년이 걸린다.

2. 서비스에도 품질이 있다

친절은 단순히 부드럽게 하는 것, 항상 웃는 것, 상대를 편안하게 하는 정도의 문제가 아니다. 그것은 경쟁의 문제이며, 죽느냐 사느냐 생존의 문제이기도 하다. 친절은 고개를 숙인다거나 말을 잘하는 것만을 의미하지 않는다. 친절은 자신감의 표현이며, 몸에 밴 습관의 산물이다.

일본의 유명한 MK 택시의 어느 기사는 비 오는 밤, 승객이 내릴 때 우산을 씌워 주고 그 승객이 집 앞까지 무사히 갈 수 있도록 떠나지 않고 헤드라이트를 비춰 준다. MK 택시 회사의 매뉴얼에는 비 오는 날을 대비하여 고객을 위한 우산을 준비해 두라고 쓰여 있다. 어두운 골목을 지나 집까지 무사히 들어갈 수 있도록 헤드라이트를 비춰 주는 것은 매뉴얼에 없다. 그 친절한 기사는 '표준화'에 의한 매뉴얼을 넘어 승객을 배려하는 따뜻한 마음이라는 '차별화'의 요건까지 갖추고 있는 셈이다.

몸무게는 킬로그램kg, 거리는 킬로미터km로 측정한다. 서비스에도 품질이 있는데, 이는 MOT(고객 접점Moment of Truth)로 측정한다. 고객 접점에서 보여주는 서비스는 고객에 의해 순간순간 측정되고 평가된다.

CS Specialist

유혜선의 당당한 서비스

서비스에도 품질이 있다는 것을 알고 계세요? 몸무게는 kg, 거리는 km로, 서비스 품질은 MOT로 측정·평가됩니다. 이렇듯 고객 접점에서 보이는 서비스는 고객에 의하여 순간순간 측정되고 평가됩니다.

그런데 우리나라 기업 문화의 정서로는 평가라는 것이 참으로 두루뭉술하다. 서비스 행위자 입장에서는 고객에게 '그냥' 잘해 주면 되지, 그런 것을 어떻게 숫자로 평가 받을 수 있냐고 반문할 수도 있다. 문제는 그 잘해 주는 기준이 '자기 자신'이라는 것이다. '이 정도 하면 되겠지.' 하고 지레짐작하는 것이다.

하지만 이제는 다르다. 고객들의 서비스에 대한 생각과 상식의 기준이 달라지고 있기 때문이다. 그렇다면 한 사람 한 사람의 기준이 제각각 다른 지금, 기업은 도대체 어디까지 고객을 만족시켜야 하는 책임이 있는 것일까?

기업은 고객이 요구하는 최소한의 기대 수준을 고려해서 서비스 품질을 표준화해야 한다. 서비스 품질은 표준화가 되어야 관리도 가능하다. 표준화에 의한 관리는 고객에 대한 서비스 품질 보증일 뿐 아니라 투명한 경영에도 기여한다. 누구나 다 투명하게 유리알처럼 들여다볼 수 있어야 자신의 의견을 허심탄회하게 말할 수 있고, 그러면 적극적인 참여와 희생도 가능하다.

웅진코웨이의 코디Cody 조직은 1등부터 10,000등까지 일렬로 평가된다.

그들을 관리하는 상위 직급도 평가받기는 마찬가지다. 해피콜에 의한 고객 감동의 Best Practice 사례는 전 직원들에게 선의의 경쟁을 하게 하는 좋은 자료가 되며, 전 직원의 상향 평준화의 모델이 된다. 이것이 바로 경쟁 시스템이다.

1961년도 창업하여 『포춘』지로부터 세계 최대 기업으로 인정받는 월마트의 성공 요인은 종업원들에게 "첫째 고객과 대화하라. 그리고 둘째 경쟁을 즐겨라"라고 교육하는 데 있다. 시스템을 만들되 그 조직의 구성원들이 즐겁게 게임을 하듯이 서비스를 제공할 수 있는 시스템을 만들어야 한다. 경쟁을 즐기는 사람은 앞서 있을 수밖에 없으며 앞서 있으면 이길 수밖에 없다. 고객은 경쟁에서 이긴 자의 상품과 서비스를 사용한다.

학습지 교사들은 아이들을 가르치는 교사라는 본분 이전에 학부모와 학생들을 만족시켜야 하는 교육 서비스 전문가가 되어야 한다. 서비스 행위자에게 있어 '자신의 서비스가 실제 고객에게 어떻게 평가되어지고 있는가?'를 안다는 것은 '내가 어떻게 해야 하는지'에 대한 구체적인 방법들을 깨닫게 하는 것으로 매우 중요하다.

이 같은 평가와 자각 없이 치열한 학습지 시장에서의 경쟁력을 갖추기란 어려운 일이다. 이러한 의미에서 단순히 학습지 교사가 아니라 교육 서비스 전문가로서의 인식의 전환은 학습지 시장에서 새로운 발상의 전환이며, 새로운 시장의 개척이 된다.

회사를 대신하여 고객에게 제공하는 서비스 품질의 수준은 어느 누가 서비스를 제공하든 같은 수준이어야 한다. 이것이 서비스의 표준화이다. 서비스 표준화를 기본으로 고객 개인별 유형에 맞는 서비스를 실시하는 것이 '차별화'이다. '경쟁력을 갖는다'는 것은 표준화와 차별화를 동시에 갖출 때 가능하다. 차별화 없는 표준화는 자칫 형식적이고 상투적인 서비스가 될 수 있고, 표준화 없는 차별화는 신뢰가 가지 않는, '마음 가는 대로' 식의 서비스가 될 수 있다. 마음 가는 대로 하는 서비스는 회사가 보증할 수 없으며 측정할 수도 없어 문제가 된다.

학습지 교사의 매뉴얼에는 "방문 인사를 할 때 현관에서 아이와 마주보며 양손을 가지런히 모으고 인사를 하라"고 명시되어 있다. 이 같은 교육을 반복해서 주지시키면 최소한 현관에서 인사하는 행위는 지켜진다. 바쁘면 인사도 하는 둥 마는 둥 뛰쳐나가는 경우가 종종 있기 때문에 반복 연습이 필요하다.

아이와의 교감이 이루어진 수업을 한 선생님은 아이와 헤어지기가 아쉬워 현관에서 끌어안고 볼도 비기기도 하며, 아이가 다음 시간까지 선생님을 손꼽아 기다리게 만든다. 이때 현관에서 인사를 반드시 하는 것이 표준화이며, 아이와의 스킨십을 나눌 정도의 다정한 인사는 그 교사의 차별화이다. 표준화에 의해서 "그 교사는 참 친절하다"는 서비스 품질이 보장되며, 차별화에 의하여 그 교사는 경쟁력을 갖는 것이다.

차별화와 경쟁력을 말할 때 평범한 것을 가지고 말하지 않는다. 리츠칼튼은 눈에 보이지 않는 고객의 마음과 고객의 사소한 흔적까지 숫자화하고 계량화하여 공유한다. 맥도널드는 전 세계 각 매장의 온도, 시간, 청결도 등을 계량화하여 관리한다. 심지어는 1분 동안 몇 번을 웃어야 하는지를 측정하여 교육시키기도 한다. 이처럼 업業의 본질과 핵심을 계량화·수치화하여 고객에 대한 기본적인 기대 수준을 상승시켜 주는 것이 서비스 표준화 관리이다.

수집한 정보를 통해 매뉴얼을 만들고, 표준화에 의한 서비스 품질을 관리하는 것 외에도 서비스 제공자 나름대로의 자율성을 보장, 즉 '차별화'의 요소를 심어주는 것이 필요하다.

3. 성장 시장과 성숙 시장

시장은 크게 성장 시장과 성숙 시장으로 나누어 생각할 수 있다.

파이를 세 사람이 나누어 먹는다고 생각해 보자. 내가 먹을 양이 모자란다고 생각될 때 보충을 할 수 있는 방법은 두 가지다. 돈이 있어 큰 파이를 배달시키든지, 아니면 힘이 있어 남의 조각을 뺏어 먹든지이다. 큰 파이를 시켜서 내 파이가 커질 수 있다면 이것은 성장 시장이고, 더 이상 큰 파이를 시킬 수 없어 남의 것을 뺏어 먹어야 하는 상황이라면 이것은 성숙 시장이다. 성숙 시장에서는 이미 나누어 먹을 파이가 없을 만큼 시장이 성숙되어 있기 때문에, 서로 시장을 뺏어 와야 하는 치열한 시장 경쟁의 상황이다. 예를 들어 정수기 시장은 성장 시장에서 차츰 성숙 시장의 단계로 접어들고 있고, 학습지 시장은 완전한 성숙 시장이기 때문에 1퍼센트의 성장조차 해내기가 힘들다.

성장 시장과 성숙 시장을 이해하는 데는 그 접근부터 다르다. 성장 시장은 한창 커 가는 시장이고 경쟁의 돌입 단계에 있기 때문에, 시장 점유율을 높이는 것이 가장 큰 가치이며 전략이다. 하지만 더 커질 수 없는 성숙 시장

CS Specialist
유혜선의 당당한 서비스

> 고객의 소리는 최고의 정보다. 무관심한 고객이 기업 측에서는 가장 무서운 고객이라 할 수 있다.
> 고객의 불만은 훌륭한 경영 자료이며, 고객에게 더 많은 것을 배울 수 있다.

에서는 시장 점유율을 위한 시장 개척보다는 고객이 떠나지 않도록 유지하는 '고객 충성도'가 중요하다. 고객 충성도를 높이기 위해서는 상품의 본질적인 브랜드 가치도 중요하지만 기능적·제품적 서비스 품질에 의한 차별화 전략이 뒷받침되어야 한다.

그런데 오늘날과 같은 성숙 시장은 디지털 산업의 발달에 따라 상상할 수 없을 정도의 치열한 경쟁의 시장이 되었다. 디지털 문화의 발달로 CRM(고객 관계 관리Customer Relationship Management)에 의해 생성된 시장도 또 다른 시장의 한 패턴이다. 디지털 시대의 시장은 시간과 공간의 개념이 변화시켰다. 눈비 오는 날도 없고, 태풍과 지진도 없고, 남녀 차별도 없으며, 인종과 학식의 차이도 없는 365일 24시간 해가 지지 않는 시장인 것이다. 월드와이드웹 공화국 내에서의 시장은 성장 시장, 성숙 시장의 개념을 완전히 뒤바꾸어 놓고 있다. 인터넷이 보급되고 몇 년이 지나지 않아 인터넷 쇼핑의 매출이 웬만한 백화점의 매출을 능가하는 시대가 되었다.

서비스 마케팅에서는 이러한 시장의 변화에 따라 사람들의 라이프스타일도 다양하게 변화하여 나타난다는 것을 무시하고 넘어갈 수 없다. 디지털 시대에 특징으로 나타난 소비자들을 신(新)인류라고 한다. 시장과 경제의 발달에 따른 고객의 소품종, 개성화, 다양성의 의미를 사람들이 살아가고 있는 모양과 라이프스타일의 변화를 통해서 확실하게 이해할 수 있다. 그들의 삶의 스타일과 소비 패턴을 기준으로 나누어지는 양상들이 얼마나 다양한지 다음의 집단을 통해서 이해해보자.

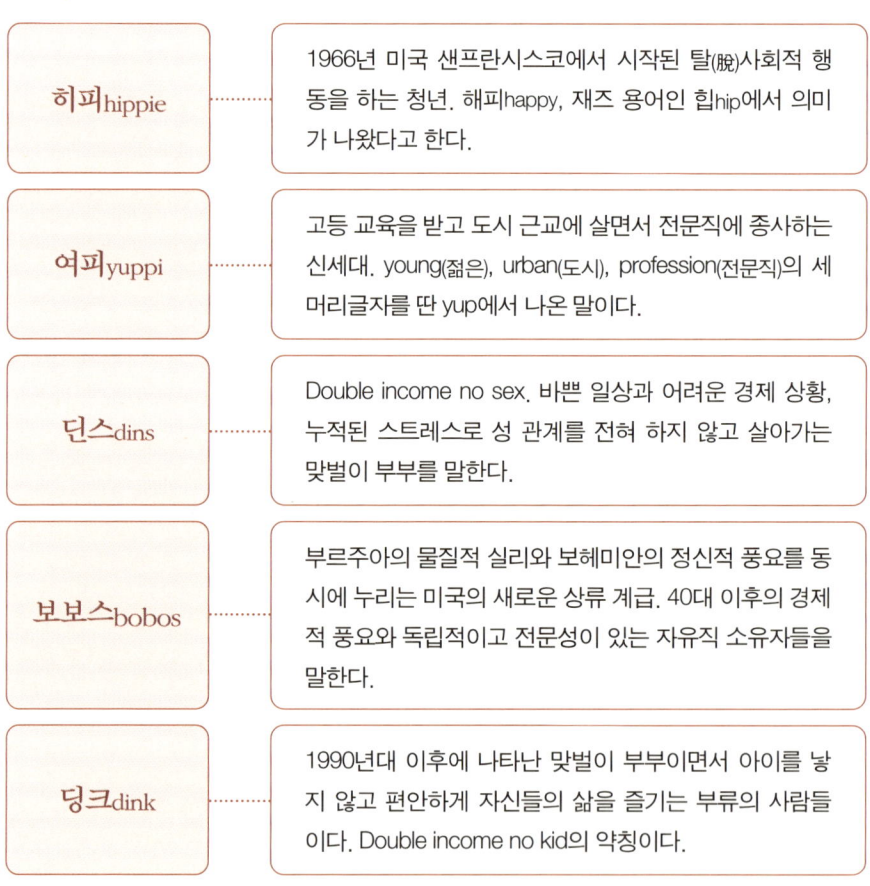

CS Specialist

유혜선의 당당한 서비스

코쿤 cocoon	코쿤은 누에고치라는 의미로 복잡한 현실을 탈피하여 자신만의 공간에서 사는 사람들이다. 이 사람들은 인터넷과 첨단 장비를 갖추고 집안에서 모든 것들을 다 해결한다.
체크 check	유행에 민감하고 구매력이 높으면서 정보에 의한 쇼핑과 수치에 의한 평가를 즐긴다. 외면을 중요시하며 최고의 인생을 꿈꾸는 사람들이다.
웹시 websy	웹web과 미시missy의 합성어로 인터넷을 통하여 쇼핑과 정보를 얻는 2030세대. 인터넷의 의존도가 높은 생활을 하는 신세대 주부들을 말한다.
좀비 zombie	대기업이나 거대한 조직에서 무사안일에 빠져 주체성 없이 로봇처럼 행동하는 사람들. 사회 조직에서 요령과 처세술만 터득하여 살아가는 화이트칼라를 말한다.
딩펫 dink pet	아이 없이 애완 동물을 기르며 사는 부부. 의도적으로 아이를 낳지 않는 딩크와는 달리 아이 대신 애완 동물을 기르는 부부를 말한다.
슬로비 slobboe	천천히 그러나 더 훌륭하게 일하는 사람들. Slow but better working people의 의미로 개성과 물질의 풍요보다는 가정과 삶의 여유를 더 소중하게 생각하는 사람들을 말한다.
노매드 nomad	유목민이라는 의미로 시간과 공간의 제약을 받지 않고 무선랜, 휴대폰, 노트북을 가지고 다니면서 일하는 창조적인 사고의 소유자들을 말한다.

딘트 dint	Double income no time이며, 시간이 없는 맞벌이 부부들로 저녁 늦게 혹은 휴일에 일주일치 생활용품을 한꺼번에 사는 사람들을 말한다.
통크 tonk	Two only no kid. 자식들에게 의존하지 않고 취미 생활과 운동, 여행으로 인생의 말년을 보내는 부부들을 말한다.
신디스 sindies	경제적으로 능력 있는 이혼한 여성들을 말한다.
아 ah	독신 여성들 사이에서 유행한 용어로 결혼 상대가 없어도 행복할 수 있다는 의미로 available and happy의 머리글자를 딴 것이다.
스노브 snob	다른 사람과 구별되려고 값비싼 의상을 입는 자기 과시적인 패션 스타일을 가진 사람을 말한다.
솔로 solo	여성의 사회적 진출과 부모로부터 독립한 신세대의 증가로 나타난 독신자들. 일로써 자신의 미래를 성취하며 결혼을 뒷전으로 미루는 사람들을 말한다.
웰빙 welbing	현대의 바쁜 일상과 인스턴트 식품에서 벗어나 몸과 마음의 건강한 삶을 최우선으로 하는 새로운 라이프스타일을 말한다.
프레피 preppy	어떤 부류에서 핵심을 이루는 집단. 모든 권한과 의무와 행동과 언어와 모양새가 그 집단의 모범이 되고 두려움과 경망의 대상이 되는 핵심 멤버 집단이다.

유혜선의 당당한 서비스

위와 같은 사람들의 라이프스타일을 통해 시장은 물론이고 생활 방식과 소비 스타일도 변화하고 있음을 알 수 있다. 고객을 알아야 고객 만족도 가능하다. 다양한 고객에 대한 변화의 흐름을 파악하는 것이 고객 만족 경영의 핵심이다.

4. 서비스가 퓨전의 핵심이다

나는 퇴근 후에는 대개 뉴스를 보거나 미국 프로 레슬링 RAW(Real Awesome Wrestling)나 스맥다운, 벨로시티를 본다. 특히 WWE(World Wrestling Entertainment)를 대표하는 RAW를 보고 있으면 그날 하루 쌓인 스트레스가 기분 좋게 사라진다.

RAW는 한마디로 '쇼'Show다. 쇼인 줄 알면서도 재미있게 본다. 화려한 조명과 레슬러들의 현란한 기술, 관중들의 환호, 그리고 무엇보다도 스토리가 너무 재미있다. 그런데 스토리보드를 작성하는 스크립터들이 200명이 넘는다고 하니, 그것은 철저하게 상황이 구성되고, 각본대로 계획되며 꾸며지는 흥미 위주의 쇼인 것이다. RAW의 매력은 치열함과 잔인함을 희열과 박진감 등과 같이 긍정적 에너지로 승화시켜 준다는 데 있다. 레슬러들은 멋있고 세련되며 전 세계적으로 스포트라이트를 받는 스타급 연기자들이며, 프로다운 근성과 쇼맨십을 가진 만능 엔터테이너들이다.

RAW는 특히 여성 레슬러 디바들이 화려할 정도로 멋진 몸매의 향연을 펼치며 관중들을 열광의 도가니로 몰아넣는다. 원래 '디바'diva라는 말은 최

CS Specialist

유혜선의 당당한 서비스

학력 수준이나 지적 능력이 뛰어나다고 해서 서비스를 잘하는 것은 아니다. 서비스 품질은 철저한 직업 정신, 서비스맨으로서의 프로 근성에서 나오기 때문이다. 서비스는 기술이요 예술이며 전략이다. 고객을 행복하게 하는 서비스 바이러스를 많이 퍼트리는 것은 기업, 직원, 고객을 모두 기쁘게 하는 일이다. 고객을 행복하게 하는 기업만이 미래가 보장되며 그러한 기업에서 직장의 안정이 보장되기 때문이다. 따라서 우리의 미래를 결정 짓는 것은 바로 고객이다.

고의 경지에 도달한 여성 성악가를 말한다. 캐슬린 베틀이나 마리아 칼라스 같은 경지에 이른 여성 성악가들에게 붙이는 칭호이다. 그런데 『플레이보이』지 모델 같은 여성 레슬러들이 '디바'라고 불리는 것은 자기 연출력이 그만큼 뛰어나다는 의미일 것이다.

기왕 황금주의와 상업주의의 세상이라면 철저하게 고객의 흥미와 욕구에 초점을 맞추어야 성공할 수 있다. 관중이 들지 않는 프로 레슬링은 잔인하고 초라하고 고통스러운 스포츠에 지나지 않을 것이며, 다듬어지지 않은 선수들은 혐오스럽기까지 할 것이다. 그렇다면 레슬링이라는 단순한 운동 경기에 얼마나 많은 것들이 복합되어 이 같은 예술성과 흥행성을 갖게 되었는지 생각해 보자.

우선 기본 스포츠인 레슬링에다가 각 선수마다 차별화된 캐릭터와 재미 있는 극적 상황 설정된다. 거기에 음향과 현란한 의상이 수반되고, 무엇보다도 그러한 엔터테인먼트를 전 세계에 소개하여 생중계하는 방송 시스템이 있다. RAW의 회장인 빈스 맥마흔은 CNN TV의 유명한 앵커 출신으로

『플레이보이』지와 영화에까지 진출하고 있다. 그는 환호하는 관중들 앞에서 마이크를 잡고 "오늘 우리들의 쇼에 와 주셔서 대단히 고맙습니다"라고 말한다.

스포츠의 본질은 대리 만족을 통한 스트레스 해소이다. 사람에게는 근본적으로 파격, 일탈, 파괴를 통해 카타르시스를 만끽하려는 본능이 있는 것 같다. 옛날 왕족들 사이에서 노예들을 죽음의 경기로 몰아넣어 오락으로 즐기는 것을 영화로 많이 보지 않았던가? 요즘에도 격투기가 젊은이들 사이에 많은 인기를 누리고 있다고 한다. 그것 또한 자신을 얽매는 것들에 대한 저항 의식과 파괴 본능을 잘 대변하여 화려한 엔터테인먼트로 승화시켜 성공한 대표적인 스포츠 비즈니스이다.

연세대학교의 한준상 교수는 21세기의 학습력은 섞어내는 능력, 벗어나는 능력, 풀어내는 능력이라고 했다. 이 세 가지를 종합한 능력은 창의력이다. 여러 가지의 요소들을 섞고 새로운 것으로 풀어내어 흥행으로 연결시키는 창의력이 바로 관중들을 흡입시키고 환호하게 만든다. 서비스도 마찬가지이다. 서비스는 철학이 되어야 하고, 경제가 되어야 하고, 문학이 되어야 하고, 또 때로는 예술이 되어야 한다. 서비스는 퓨전이라야 한다. 여러 방면을 섞어내고, 또 풀어내야 하는 것이다.

'퓨전'fusion이라는 말은 용해, 즉 녹이는 과정을 통해 뭔가 다른 새로운 것을 창조해 내는 것으로 요리나 음악에서 많이 사용한다. 퓨전 요리의 원조는 교수이자 조리사인 프랜신 프린스Francine Prince가『다이어터의 미식가 요리책The Dieter's Gourmet Cook Book』을 출간하면서부터 시작되었다. 퓨전 요리는 1990년과 2000대를 이어오면서 글로벌 미각을 갖춘 다이어트 요리로 발전하게 되었다.

퓨전은 기본적으로 다양한 사람들의 입맛을 충족시키기 위한 고객 지향적인 사고에서 탄생한 산물이다. 이 새로운 문화는 기술과 산업의 발달로 인한 세계화 과정에서 확산되었고, 형식에 따라 가장 대중적인 스타일에서부터 최고급의 수준에 이르기까지 다양한 형태로 발전되고 있다.

오늘날에는 서비스뿐 아니라 여러 분야에서 관계성의 혁명이 일어나고 있다. 기업 경영에서도 업종 간의 경계가 없어지고, 국가 간의 국경도 없어지고 있다. 말 그대로 퓨전 세상이다. 신용 카드의 경쟁 상대가 휴대폰이 되고, 호텔과 모텔의 경쟁 상대는 24시 찜질방이다. 서로 관계가 없는 것으로 생각하는 업종 간의 경계도 무너지고 있다.

「교육 산업과 한국 교육의 발전 과제」이란 세미나에서 크레듀의 김영순 사장은 "1차 산업이 노동에 의한 농경 사회이고, 2차 산업이 제조에 의한 산업 사회, 3차 산업이 서비스 사회였다면 이제는 각 차수에 0.5차씩을 새롭게 더할 수 있어야 한다"고 말한다. 그가 말하는 0.5차는 바로 정보화이다.

책 주문 사이트인 아마존은 단순히 고객이 인터넷 사이트를 방문할 때 수동적으로 대응하지 않고, 능동적으로 도서 정보를 제공한다. 고객을 철저하게 데이터베이스로 관리하여 고객이 주문하는 도서의 성향을 파악, 고객에 맞는 좋은 책을 안내해 주는 역할까지도 한다.

나는 서비스 산업을 3차 산업에만 국한시키지 말고, 그 차수에 0.5차를 더하여 서비스 마케팅을 포함하라고 말하고 싶다. 서비스는 단순히 3차 산업에만 해당되는 것이 아니라 모든 차수의 산업을 넘나드는 종합적이고 최종적인 단계에 해당한다. 서비스는 모두 사람에 의해서 이루어지기 때문이다.

5. 불황일 때 톡톡 튀는 아이디어

영국의 유명한 시인 제임스 톰슨James Thomson, 1700~1748은 "입술은 키스할 수 없을 때 노래를 부른다"며 입의 용도에 철학적 의미를 부여했다. 카피라이터 이만재 선생은 "카피라이터는 창작할 수 없을 때 마케팅을 노래한다"며 카피라이터의 영역을 재정의했다. 광고 카피는 고객의 심장에 꽂히는 한 마디의 단어이다. 그것이 고객의 지갑을 열게 한다.

나는 카피라이터가 되고 싶었다. 무언가에 의미를 부여하는 일, 그 본연의 역할을 충실하게 표현할 수 있는 '카피'를 만들어 내고 싶었다. 그런데 그 무언가에 대한 형상화를 제대로 하지 못해 이만재 선생의 혹평을 듣곤 했다. 관념적·감각적이지 못한 사고는 매번 형상화의 과정에 방해가 되었지만, 그 과정은 스스로의 한계를 극복하고 관념을 깨뜨리는 훈련이 되었다. 이를 통해 존재를 표현하는 카피는 예술이기보다는 과학이어야 하고, 완전한 마케팅이 되어야 한다는 점을 깨달았다.

주부이면서 일하는 여성의 전문성을 잘 부각한 '웅진코웨이 레이디 코디'와 설치 기사인 'CS Dr.'는 그때의 혹독한 훈련에 기초하여 탄생한 나의

CS Specialist

유혜선의 당당한 서비스

> 서비스는 돈이 들지 않는 마케팅이다. 돈을 들이지 않고 고객 틈새를 파고드는 고객의 입을 이용할 수 있다는 장점이 있다. 고객 관리에서는 고객 스스로가 만족스러운 자신의 경험을 주변 고객에게 전달하는 파급 효과를 이용해야 한다.

작품이다. CS Dr.는 설치와 AS를 담당하는 기사들이 마치 의사가 환자를 진찰하고 처리하고 예방하듯이 제품에 자신의 이름을 걸고 진단하고Before Service, 처리하고In Service, 예방한다After Service는 개념을 포함하고 있다.

웅진식품의 '초록매실'은 전 직원들의 아이디어 공모를 통해 비서실의 한 여사원에 의해 개발된 이름이다. 그 외에도 봄 쑥, 여름수박, 가을대추, 겨울홍시의 사계절용 음료도 출시되었는데, 그것 또한 사내 경영진을 포함한 전 직원들이 머리 맞대고 고민해서 만든 톡톡 튀는 아이디어들이다.

사계절 음료 중에서도 가을대추가 워낙 히트를 치니까 나머지 세 가지 음료가 주춤했지만 계열사 직원들은 가리지 않고 많이 먹었다. 자신의 아이디어가 반영된 음료에 정이 가지 않는다면 그것이 오히려 더 이상한 일일 것이다.

인생을 살다 보면 수많은 위기 상황이 닥친다. 그런데 위기라고 느끼는 순간, 기회가 따라온다. 중국 속담에 "시련은 그만큼 사람을 영리하게 한다."라는 말이 있다. 여자는 폐경기가 오는 40대 후반에서 50대 초반에 가장 창의력이 높아진다고 한다. 사람에게는 내재된 능력은 극한 상황에 처할 때 비로소 발현된다. 자신도 모르는 곳에 숨겨져 있던 능력은 시련 속에서 더욱 빛을 낸다. 그래서 그 순간 머릿속에 떠올려지는 아이디어는 신선하고 명쾌하다.

기업들의 톡톡 튀는 아이디어들은 불황을 이겨내는 힘이 되고, 직원들을 하나로 결속시키는 원동력이 된다. 금호산업은 테마 버스라는 차별화된 서비스를 시행했다. 논산 훈련소로 입대하는 장병들을 위한 '입영 버스', 업무상 가족과 떨어져 홀로 근무하는 직원들을 위한 '월요 새벽 출근 버스', 여성들만을 위한 '여성 전용 버스'를 제공하여 호평을 받았다.

장기 불황의 시대를 맞아 병원들 간의 고객 서비스 경쟁도 날로 치열해지고 있다. 서울대 병원은 수술 직전 환자들의 초조함과 긴장감을 풀어 주는 '음악 세라피 서비스'를 제공했으며, 차병원은 산모들을 위해 황토방과 발 맛사지기를 도입했다. 차앤박 피부과는 살사 댄스를 통하여 환자들과 친밀감을 가지도록 했으며, 모 안과 병원에서는 라식 수술 과정을 환자 보호자들에게 공개하여 수술 과정을 지켜볼 수 있도록 했다.

관광 전략에도 주목할 만한 아이디어가 있다. '베세토 벨트'라는 말을 들어본 적이 있는가? 국제화 시대 속에 뻗어 나가는 동북아의 중국, 한국, 일본의 수도 베이징Beijing, 서울Seoul, 도쿄Tokyo의 머리글자를 딴 관광 벨트이다. 그것은 앞으로 동북아 시대를 맞이하여 보다 큰 디딤돌이 되어 줄 것 같다는 생각이 든다.

요즘은 고객 지향적 성향을 띤 부드러운 기업 이미지를 위하여 CI(Corporate Identity)를 대문자에서 소문자로 바꾸는 작업이 일어나고 있다. 대문자의 무겁고 딱딱하며 관료적인 냄새가 나는 기업의 이미지에서 탈피하여 효율적이면서도 혁신적인 서비스를 표현하기 위해서다. 또 최근에는

CS Specialist
유혜선의 당당한 서비스

브랜드명이 기업명이 되는 사례가 확산되고 있는데, 이것도 모두 고객 중심 경영 패러다임의 변화를 반영하고 있는 것이다. 가독성을 높이고 친근감과 신뢰감을 부여하여 부드럽고 창의적인 기업으로 소비자들에게 좋은 인상을 남기기 위함이다.

사라 밴 브레스낙Sarah Ban Breathnach은 『단순한 풍요로움Simple Abundance』이라는 책에서 "대부분은 우리 자신이 예술가라는 사실을 깨닫지 못하고 지내곤 합니다. 그러나 우리들 모두는 예술가입니다"라고 말한다. 우리는 매일매일, 순간순간의 일상에서 자신만의 독특한 작품을 창조하고 있다. 톡톡 튀는 아이디어, 당신도 만들 수 있다.

6. 무서운 N세대 아이들

초등학교 2학년밖에 되지 않는 내 조카는 음악을 들으면서 친구와 메신저 대화를 주고받는다. 흥얼거리면서 보통 4~5개의 화면을 동시에 띄워 놓는다. 학교에서 내준 과제를 검색하면서 싸이월드에서 도토리로 선물을 주고받고, 또 그 사이에 다른 것을 한다.

사이버 공간에서 살고 있는 세대의 아이들은 우리 세대와 사고의 틀과 마인드 맵이 완전히 다르다. 물질이 궁핍했던 시대에 태어나 '물질의 풍요를 누리는 것만으로도 혜택 받은 세상'이라 생각하며 '뭐든지 아껴 쓰고 나누는 것이 미덕'이라고 믿는 기존 세대의 사고의 틀과는 기준 자체가 완전히 다르다. 요즘 아이들은 풍족하게 살면서도 '다른 사람보다 많이 갖고, 많이 접하고, 보다 빨리 알고, 빨리 만들어 내는 것이 최고'라고 생각한다.

아버지가 늦게 퇴근해서 돌아오면 기다렸다는 듯이 뛰쳐나가 "아버지, 다녀오셨어요"라고 인사를 하는 것이 가정 교육이라고 생각하는 시대는 이미 아닌 것 같다. 아침저녁으로 부모님께 문안 인사를 하거나 출입 인사하는 것과는 달리, 먹는 것만 해결되면 누가 오고 나가는지 전혀 상관없이 몇

CS Specialist

유혜선의 당당한 서비스

> CS는 정서적·감성적 이동이기 때문에 근무 여건이나 주변 환경도 중요하지만 스스로 직업관을 만들어 가는 일이 더욱 중요하다.

날 머칠을 꼼짝하지 않고 박혀서 혼자서 놀 수 있다. 아이들은 자기들의 시간을 방해하는 것을 몹시도 싫어한다. 한 공간에 살고 있지만 완전히 다른 공간에서 살고 있는 세대가 있는 셈이다.

그런데 문제는 이들의 가치 기준에 의해서 앞으로의 소비 풍토와 문화가 될 것이라는 점이다. 『N세대의 무서운 아이들』의 돈 탭스콧Don Tapscott은 이들을 지금까지 인류와는 질적으로 다른 N세대Net Generation라고 정의했다. 이들은 1977년 이후 출생자로서 베이비붐 세대의 자녀라는 점에서 '메아리 세대'라고도 한다.

맞춤 문화를 선호하는 이들 N세대는 제품 생산 과정에도 적극 참여하고 있다. 주로 인터넷 구매를 선호하는 이들의 막강한 구매력은 판매, 금융, 서비스, 제조 등 생산 및 유통 방식을 완전히 바꿔 놓고 있다. N세대는 일방적으로 보여주는 TV에 빠지기를 싫어한다. 따라서 대중 시장Mass Market은 사라지고 시장의 초세분화Fragmentation 현상이 나타나고 있다. 소비자의 태도, 선호, 행동의 이질화가 급속하게 진행되고 있는 것이다. 뮤직 비디오, 광고

등 흘러나오는 음악이 대중Mass이라면, 골라서 듣는 음악은 초세분화되었다Fragmented고 할 수 있다.

이런 세대가 만들어 내는 시대의 서비스와 고객 만족은 어떻게 해야 할까? 그에 대한 깊은 고민과 연구가 필요하지 않을까 생각한다. 앞으로 서비스 마케팅의 타깃이 되는 무서운 아이들, N세대의 무서운 아이들은 어떤 서비스를 이용하든지 그것을 왜 이용해야 하는지에 대한 정확한 명분과 이유를 가지고 있고, 일단 그것을 자기 것으로 받아들이기만 하면 누구보다도 열심히 사용하는 에너지가 있다. 그리고 부당한 서비스에 대해서는 분노하는 열정이 있으며, 그들의 네트워크를 이용하여 열정을 선도하여 대항하기도 한다. 이들은 깜짝 이벤트나 콘테스트 같은 일회성 행운과 대박을 좋아하고 사건과 시연을 통하여 확인하고 참여하는 세대라는 점을 이해해야 한다.

사내 직원을 대상으로 기업의 변화 관리에 대한 강의를 한 적이 있다. 무엇이 어떻게 달라지고 변화하고 있는가를 사례를 통하여 발표하는데, 한 어린 여직원이 "앞으로는 싸이월드를 하는 세대와 싸이월드를 하지 않는 세대 둘로 나눠질 것"이라고 말했다. 말로만 들었지 미니홈피라는 것을 만들어 보지도 않았는데, '나도 싸이월드 밖의 세대로 밀려나는 것이 아닌가?' 하는 생각이 들었다. N세대와 싸이월드 세대 ……. 그들을 표현하는 또 다른 명칭이 있다. 우리는 아직도 우리를 흥분과 열정의 도가니로 몰아넣었던 2002년 월드컵의 주역인 붉은 악마들을 잊지 못한다. 1970~80년대를 휘몰아치던 최루탄의 열정과는 사뭇 다른, 건전하고 생산적인 환희의 열정으로 열광하는 빨간 아이들을 보면서 저들이 또한 우리의 세대를 이끌어 나갈 세상의 주역들이 되지 않을 하는 생각이 들었다.

제일기획에서는 「대한민국 변화의 폭풍―젊은 그들은 말한다」라는 마케팅 보고서를 통해서 우리나라 사회 경제를 움직이는 주역을 P세대라고 규정했다. 연령대가 17~39세인 P세대는 열정Passion과 힘Potential Power을 바탕으로 사회 전반에 걸친 참여Participation를 통해 사회 패러다임의 변화를 주도하는 세대Paradigm-shifter를 뜻한다. 이러한 P세대의 성장 배경으로는 정치 민주화, 노매디즘(유목주의), 정보화, 부유함이 꼽혔으며, 1993년 문민 정부 출범 후 정치 참여 기회와 영향력이 늘어나고 1989년 해외 여행의 자유화와 세계화 등으로 유목적인 특성을 갖게 됐다고 한다.

여기에다 인터넷의 보급으로 다양한 커뮤니케이션과 정보가 중심이 되는 라이프스타일이 형성되었으며, 인터넷이 없으면 하루도 살 수 없다고 할 만큼 컴퓨터가 생활의 가장 필수품이 되었으며, 그것이 그들의 의식과 가치 판단을 지배한다고 했다. 이에 따라 P세대는 386세대의 사회 의식, X세대의 소비 문화, N세대의 라이프스타일, W(월드컵)세대의 공동체 의식이 융합되어 나타나는 집단으로 성장했다고 분석했다.

II In Service

접점에서 최선을 다하기

21세기는 이미지 메이킹의 시대라고 한다. 다른 사람에게 보여지는 자신의 이미지를 만들어 내고 가꿔 나가야 좋은 인상을 심어 줄 수 있고, 아울러 좋은 관계를 유지할 수 있는 세상이다. 좋은 인상, 괜찮은 이미지를 남기지 못하면 영원한 충성 고객도 없다.

CS Specialist_큐레이션의 당당한 서비스

1. 고객 만족 MOT
2. 성공하는 사람들의 표정과 자세
3. 빅마우스와 스몰토크
4. 반 발짝 앞선 정보의 셀링 포인트
5. 칭찬은 마음의 꽃다발
6. 느낌을 주는 서비스

1. 고객 만족 MOT

CS 아카데미를 운영할 때의 일화다. 한번은 선임 강사가 "새로 뽑은 강사가 강의 경력을 속였다"며 투덜거리길래, 연유를 물었더니 "CS 강의를 했다는 강사가 어떻게 MOT를 모르냐?"며 아무래도 경력을 믿을 수 없다는 것이었다. CS 강의를 하는 사람이 MOT를 모를 리 없다. MOT는 CS계에서 고전처럼, 약방의 감초처럼 독보적인 존재로 자리하고 있다.

MOT(진실의 순간Moment of Truth)는 가장 중요하고 결정적인 순간을 뜻한다. 이것은 스페인의 투우 용어인 'Moment De La Verdad'를 영어로 옮긴 것인데, 투우사가 황소를 데리고 재주를 부리다가 마지막에 칼을 들어 황소의 정수리를 찌르는 때, 곧 실패가 허용되지 않는 매우 중요한 순간을 뜻한다.

고객 접점에서 고객이 자신의 만족도를 결정하고, 또는 기업의 이미지와 상품을 결정짓는 데는 15초밖에 걸리지 않는다고 한다. 그래서 순간 관리가 중요하다. MOT, 고객 만족 결정의 순간, 진실의 순간, 그 순간이 중요한 것은 회사의 서비스 상품을 통하여 한 순간에 고객 만족, 기업의 역량, 충성도, 이미지, 생산성이 모두 평가받기 때문이다.

CS Specialist
유혜선의 당당한 서비스

순간에 고객을 만족시켜라. 고객과 마주치는 순간의 직원들의 태도나 언어 사용, 친절성 같은 요소들이 곧 서비스를 평가하는 결정적인 요소가 된다. 매뉴얼은 근무 지침이지 고객을 감동시키는 수단은 아니다. 매뉴얼이 아무리 세계적이라 해도 인간의 감동을 불러일으키지는 못한다.

스칸디나비아 항공의 얀 칼슨Jan Carlzon 회장은 항공기를 이용하는 고객이 항공사의 직원이나 시스템을 접촉하는 횟수가 35~40번 정도이며, 고객을 만족시키기 위해 이러한 매순간의 접점을 철저하게 분석하여 정확하게 대응해야 한다고 말한다. 이것이 'MOT 사이클'이라는 것이다.

스칸디나비아 항공은 전화 예약에서부터 고객이 항공기를 타고 내리는 프로세스의 일체 행위를 단순히 '고객은 이렇게 하면 좋아할 것'이라는 기준이 아니라 고객이 가장 만족할 수 있는 최적의 상태를 상태학적 · 공학적 측면에서 쪼개어 조사 · 연구했다. 최상의 고객 만족을 위하여 돈을 어디에 투자해야 할 것인가를 판단하기 위하여 특별 조사까지 실시했다. 또한 항공기를 이용하는 고객에 대한 설문 조사뿐 아니라, 고객 자신도 모르고 있는 고객의 욕구를 인류학자, 사회학자, 생태 전문가에 의한 비디오 촬영과 면접을 통하여 고객이 가장 좋아할 수 있는 상황을 MOT로 정리하여 고객 만족 경영을 실천했다. 매순간 고객을 만족시킨다는 MOT 사이클은 구체적이고, 전략적이며, 실천 가능한 방식이라 할 수 있다.

나는 CS 팀장으로 몸담았던 웅진씽크빅에서 이 같은 MOT 사이클을 이용한 매뉴얼을 만들었는데, 그것은 교사들이 고객 접점에서 회원과 그 학부모를 만나서 상담하는 모든 순간을 표준화하여 MOT 사이클을 16가지로 정리한 것이다.

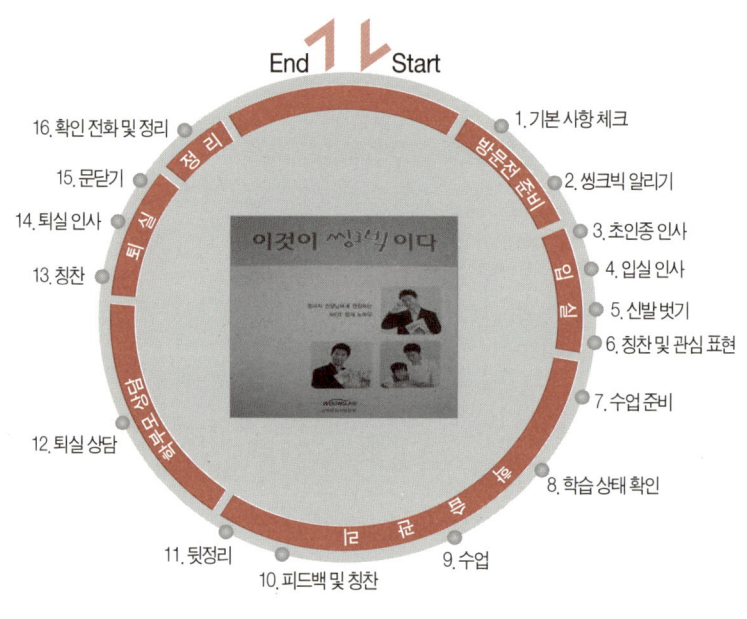

[기본 MOT사이클]

21세기는 이미지 메이킹의 시대라고 한다. 다른 사람에게 보여지는 자신의 이미지를 만들어 내고 가꿔 나가야 좋은 인상을 심어 줄 수 있고, 아울러 좋은 관계를 유지할 수 있는 세상이다.

좋은 인상, 괜찮은 이미지를 남기지 못하면 영원한 충성 고객도 없다. 순간순간 MOT에 고객의 마음이 수시로 변하기 때문이다. 그래서 고객 만족에서는 100가지를 잘해도 한 가지를 못하면 그 전에 쌓아 올린 100가지 좋은 이미지를 다 잃는다는 의미로 '100-1=0'이라는 수식이 많이 인용된다. 사람은 이기적이고 간사한 존재이다. 100번을 잘하다가 1번만 잘못하면 0점이다. 100명의 직원이 아무리 서비스가 뛰어나도 1명이 실수 한다면 모든 것이 허사다. 첫인상이란 최초의 MOT인 만큼 사람을 평가하는 데 매우 중요하다.

이때 가장 많은 영향력을 미치는 것이 시각적으로 보여지는 이미지이다. 친절도 자신의 내면 세계를 드러내는 인격의 전달체이며 이미지 상품이다. 미국의 심리학자 앨버트 메라비언Albert Mehrabian은 사람을 판단하는 데는 시각적 요소가 55퍼센트, 청각적 요소가 38퍼센트, 말의 내용이 7퍼센트 순으로 영향을 미친다고 했다. 결혼 정보 회사의 통계에 의하면 배우자를 찾는 사람의 40.6퍼센트가 만남을 지속하려면 1시간 내 '필'feel이 꽂혀야 한다는 응답을 했다고 한다.

「닥터 지바고」, 「콰이강의 다리」 등의 불후의 명작을 남긴 명감독 데이비드 린David Lean이 작품을 만들 때 가장 고민하는 부분은 영화를 어떤 장면으로 어떻게 시작하느냐에 있다고 한다. 이 같은 사례가 모두 첫인상의 중요성을 말해 주는 사례라고 할 수 있다.

첫인상에는 네 가지 법칙이 있다.

| 5초의 법칙 | MOT에서 전체 이미지를 평가 받는 데는 15초가 걸리지만, 첫인상의 핵심을 평가받는 데는 5초밖에 걸리지 않는다. |

콘크리트의 법칙	이렇게 평가받은 첫인상의 이미지는 콘크리트처럼 고착되어 시간이 지나도 크게 변하지 않는다. 40시간 이상의 재면담이 있어야 수정이 가능한데 평생 가도 힘든 일이다. 결국 한 번 굳어진 첫인상은 평생 간다.
부정성의 법칙	한 번 내린 자신의 판단은 되도록 부정하고 싶어 하지 않는다. 첫인상에서만큼은 한 번 실수는 병가상사가 아니라 평생 고생인 것이다.
시각 이미지의 법칙	첫인상은 마치 소리 없는 신호등과 같아서 표정, 자세, 몸짓, 헤어스타일 등으로 순간순간 상대방에게 보내는 시각적인 이미지의 결정체이다. 이러한 신호들이 만드는 이미지는 그 사람의 말보다 훨씬 더 많은 것을 판단하게 한다.

고객의 첫인상을 사로잡는 효과를 심리학에서는 '초두(初頭) 효과'라고 한다. 그런데 "처음에 잘못 봤어" 하고 수정을 하는 경우가 있는데 이것을 '빈발(頻發) 효과'라고 한다. 이것은 초두 효과에 비하여 상당히 영향력이 약하다. 빈발 효과로 첫인상의 이미지를 뒤집으려면 적어도 6번 이상의 만남을 통하여 상당히 신뢰감 있는 정보가 주입될 때 가능한데, 그런 경우는 매우 드물다고 한다. 그래서 이미지는 논리적 사고보다 강한 힘을 가지고 있다고 말할 수 있는 것이다.

고객이 무엇인가를 판단하고 결정하는 데 있어 자신만이 가지고 있는 절대적·주관적인 기준에 의하여 결정하는 경우는 그리 많지 않다. 항상 51퍼센트와 49퍼센트의 차이로 고객은 갈등하고 비교한다. 50 대 50의 마음에서 1퍼센트의 미묘한 마음의 변화에 의하여 결정의 순간이 이루어지는 것이다. 첫인상의 법칙도 언제 어디서나 진실한 마음, 겸손한 마음, 배려의 마음, 또 준비하는 마음만 있다면 얼마든지 극복할 수 있다.

2. 성공하는 사람들의 표정과 자세

한 시상식장에서 미국의 유명한 여배우에게 기자들이 자기 관리를 어떻게 하느냐고 물었다. 그녀는 평소에도 24시간 스티븐 스필버그 감독의 카메라가 돌아가고 있다고 생각하며 생활한다고 대답했다.

사람은 누구나 성공하고 싶어 한다. 운이 좋거나 시기를 잘 만나서 성공하기도 하지만, 성공하는 사람들을 가만히 살펴보면 굳이 의도하지 않더라도 자연스럽게 성공 지향적으로 사고하고 행동하는 것을 볼 수 있다. 그들이 애초부터 그런 성향을 타고났다고 생각하기 쉽지만, 사실 그들은 혹독하게 자신을 훈련하고 그 과정을 습관화·체질화시켰는지도 모른다. 습관화되지 않으면 절대로 표현되지 않는다.

사람은 하늘로부터 똑같은 양의 복을 내려 받는데, 그 복이 내려오는 길을 명궁(命宮)이라고 한다. 명궁은 우리가 흔히 말하는 미간과 연결되어서 그곳을 통해 복이 들어온다. 그렇게 들어온 복은 코를 타고 내려와서 입이라는 그릇에 담기게 된다.

그렇다면 그릇의 모양이 어떻게 되어야 복을 담을 수 있을까? 얼굴이 무

칭찬과 감사의 말로 하루를 시작하라. 아주 작은 진전에도 칭찬을 아끼지 말라. 또한 진전이 있을 때마다 칭찬을 해 주어라. 동의는 진심으로, 칭찬은 아낌없이 하라.

표정하거나 비웃는 표정이거나 우는 표정으로는 복이 담기지 않는다. 입 꼬리가 살짝 올라간 웃는 표정을 지어야 코를 타고 내려온 복이 담긴다. 성공한 사람들의 얼굴을 자세히 보면 하나같이 웃는 얼굴이다.

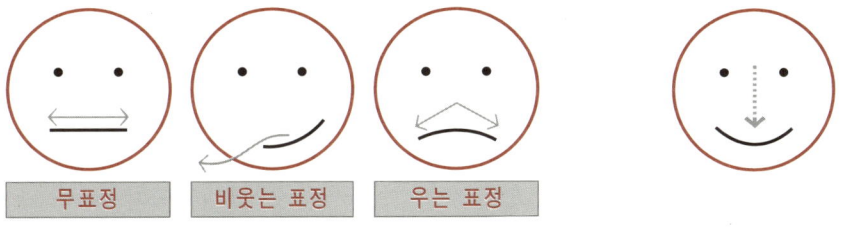

미소는 최고의 화장이다. 얼굴이 꽃이라면 미소는 향기와 같은 것이다. 향기는 안으로 숨기보다는 밖으로 퍼져 나가는 원리가 있다. 미소는 자신의 얼굴에 혼을 담아 내는 것과 같다. 미소는 상대방의 가치를 높이면서 동시에 자신의 가치를 높이는 효과가 있다. 미소 짓지 못할 만큼 가난한 사람 없으며, 미소 안 지어도 될 만큼 부자는 없다. 타고난 운명은 어쩔 수 없다. 그러나 표정은 바꿀 수 있다. 표정은 연습으로도 충분히 달라질 수 있다. 아침에 거울을 보면서 웃는 연습을 해 보자. 첫날은 어색해 보일지 모르지만 곧 익숙해질 것이며, 익숙해질수록 표정은 달라질 것이다.

성공한 사람들은 웃는 얼굴 이외에도 또 다른 공통적인 특성이 있다. 그것은 자세가 바르다는 것이다. 모델들의 걸음걸이는 약간 과장된 면이 있지만, 바른 걸음걸이와 허리를 곧게 편 자세에서의 자신감을 볼 수 있다. 성공한 사람들이 자신감 있게 보이는 데는 그처럼 곧은 자세가 한몫을 한다.

건강하게 오래 사는 사람들을 보면 대부분 자세가 똑바르다. 의학적인 근거에 의하면, 자세가 바르면 우리 몸속의 오장육부가 반듯하게 자리를 잡아 우리 몸의 신진 대사와 혈액 순환이 막힘 없이 순조롭게 통할 수 있어 건강한 신체를 유지할 수 있다고 한다.

"바른 자세에서 바른 건강이 나오고, 바른 정신에서 바른 생각이 나온다"는 평범한 진리는 CS 교육을 하면서 항상 느낀다. 흔히 대부분의 교육은 내면의 변화를 통하여 외면의 변화를 이끌어내는 것이 보통이지만, CS 교육은 바른 형식을 통하여 바른 내용을 이끌어낸다. 외면에서 내면으로, 그리고 외면과 내면이 어우러지는 종합적인 교육의 프로세스가 서비스 교육의 흐름인 것이다.

올바른 외면을 위한 5대 서비스 기본 교육은 표정, 자세, 인사, 대화 그리고 전화 예절이다. 이 5가지가 세련되게 어우러져 표현될 때 서비스 전문가다운 이미지 메이킹이 이뤄졌다고 하며, 이는 주로 1인칭, 본인에 대한 기본적인 교육이다. 이 과정을 초급 단계라고 하는데, 초급 단계에서의 교육은 반복되는 기본기 훈련이다. 온몸에 스스로 체득될 때까지, 그리고 습관화되어 자연스럽게 표현될 때까지 반복되어야 한다. 습관화된 것들이 자연스럽게 우러나올 수 있어야만 가식적이지 않고 순수한 그 사람의 이미지로 느끼게 할 수 있다. 습관이라는 것은 오랫동안 배어 있는 자기 품성의 결과이기 때문이다.

　내면의 학습 단계는 상대방에 대한 배려와 상담이 주된 교육이 되는 2인칭 교육이다. 상담 스킬, 커뮤니케이션 스킬, 유형별 대화 기법 등의 교육 과정이 있으며, 이 과정의 서비스 교육을 중급 과정으로 분류한다. 마지막 고급 단계에서는 이러한 교육을 통하여 배운 것들을 자신의 업무 본질 속으로 들어가 적용하고 실천하는 1, 2, 3인칭 종합 교육으로 진행된다. 실제 자신의 업무를 재현하는 RP(역할 연기Role Playing) 교육이나 영업 상담 스킬을 통하여 자신과 상대방을 포함한 제3자로부터 평가를 받는 종합 교육으로 진행된다.

　학습지 교사들의 서비스 경쟁력을 알아보기 위하여 아이들을 대상으로 조사한 적이 있다. 그런데 재미있는 것은 학생들이 서로 "너 무슨 학습지 하니?"라고 묻지 않고, "너네 선생님 예쁘냐?" 하고 묻는다는 것이다. 아이들은 "어떤 선생님이 제일 좋으냐?"라고 물으면 "예쁜 선생님"이라고 답한다.

　아이들에게 예쁜 선생님은 자기를 인격체로 생각하여 존중해 주고 관심을 가져 주고 칭찬해 주고 예쁜 선물도 많이 주는 선생님이었다. 반면 나쁜 선생님은 엄마처럼 전혀 꾸미지도 않고 "공부해" 하면서 말만 하는 선생님이다.

　웅진코웨이 정수기 회사 판매원인 코디 가운데서도 어떤 이는 고객 집에서 파출부처럼 대우 받는 것 같아서 기분 나쁘다고 투덜대는가 하면, 어떤 코디는 하얀 봉투에 담긴 정수기 필터 교환비를 두 손으로 정중하게 받아 자신의 직업을 인정 받는 것 같다는 말을 한다. '어떻게 대우 받는가' 하는 것은 철저하게 어떻게 보였는가의 문제이다. 보여주는 것만큼 대우 받기 때문이다. 어떻게 보였는가에 따라 자기 몸값도 결정된다. 그래서 21세기는 자기 관리의 시대, 이미지 메이킹의 시대라고 하는 것이다.

이미지의 어원은 라틴어의 이마고imago에서 왔으며 원래의 뜻은 '마음의 모양'이다. 이미지는 겉으로 드러나는 모습이 아닌 마음의 모양을 통해 형성된다는 의미인 것이다. 흔히들 요즘은 루키즘(외모 지상주의Lookism)이라고 할 정도로 너무 지나치게 외형에 의존하는 면도 없지 않지만, 내면의 본질에 도달하기 전에 먼저 평가받는 좋은 이미지는 사람, 제품, 나아가 기업과 국가의 운명까지 좌우한다. 그야말로 '이미지 파워'의 시대인 것이다.

외모는 타고나는 것이지만, 이미지는 전략적으로 만들어 가는 것이다. 『나는 대통령도 바꿀 수 있다』의 저자인 차 영은 "이미지란 외형적으로 보여지는 1차적 이미지와 오랫동안의 습관과 내면의 품성에 의하여 풍겨지는 2차적 이미지가 있다"고 했다. 다른 사람에게 호감을 주는 표정, 때와 장소에 맞춰 옷 입기, 세련된 말투와 제스처 등을 통해 외형적 이미지를 가꿔 갈 수 있지만, 이보다 더 중요한 것은 그 사람의 전체적인 분위기에서 배어 나오는 깊은 내면의 모습을 아름답게 가꾸는 것이다.

힐러리는 집안이 부유하고 본인이 변호사였기 때문에 내적으로는 자신감이 넘쳐 있었다. 결혼 후 남편이 주지사 선거에서 자꾸 낙선하는 것은 자신이 주지사 부인의 이미지를 갖추지 않아서라고 생각했다. 그래서 머리를 세련되게 커트를 하고 두꺼운 안경에서 콘택트렌즈로 바꾸는 등 다양한 이미지 변신을 시도했다. 영부인 때는 여유 있고 우아하며 포용력 있는 이미지를 연출했으며, 클린턴이 르윈스키와의 스캔들로 위기에 처했을 때는 니트에 머리띠 차림으로 "클린턴이 바람을 피우는 것은 국민들의 문제가 아니라 개인적인 문제"라고 하며 탄핵의 위기에서 벗어나게끔 했다고 한다. 또 상원 의원으로서의 힐러리는 짧은 머리에 바지 정장 차림으로 일하는 여성의 활동적인 모습을 연출하여 진취적이고 추진력 있는 성공하는 정치인으로서의 자신감을 보여 주기도 하는 등 성공적인 이미지 메이킹을 하고 있다.

미국의 전 국무장관인 울브라이트의 브로치 외교도 유명하다. 복잡하고 어려운 중동 지역을 방문할 때는 거미줄 브로치를 달았으며, 러시아를 방문할 때는 독수리 브로치를 달아 힘의 외교를 상징했다. 사법부 개혁을 의미하는 강금실 법무장관의 의상 개혁도 파격적이었다. 공식석상에서는 과감한 의상으로 강한 인상을 남기고, 비공식석상에서는 우아한 정장으로 세련미를 풍기는 것이 강 장관의 패션 전략이라고 했다.

인천의 정소아과 의사의 이야기도 유명하다. 그는 지방대를 나와서 병원을 개업했다. 서울 명문대 출신의 의사들이 이미 자리를 잡고 있어 성공하기가 어려울 것이라는 주위의 만류에도 아랑곳하지 않았다. 그는 간호사에게 자신이 관심을 가져야 할 환자의 차트를 하루에 10개씩만 뽑아 달라고 부탁했다. 그리고 매일 환자들에게 전화를 했다. "병원을 다녀가서 아이가 약을 잘 먹는지, 열은 좀 내렸는지, 밥은 잘 먹는지……" 등 환자의 증상에 대하여 물어 보고 관심을 가져 주니 환자의 부모들은 감동받을 수밖에 없었다. 그리고 그는 딱딱한 의사의 이미지를 벗어나 아이들이 무서워하지 않는 친절하고 자상한 이미지의 연출을 위하여 평소에도 거울을 보며 세심한 노력을 기울였다고 한다.

3. 빅마우스와 스몰토크

아는 사람 중에 아주 큰 입을 가진 친구가 있다. 입이 커서 큰 입이 아니라 워낙 말이 세서 빅마우스Big Mouth라는 별명이 붙은 친구이다. 빅마우스의 입에서 나오는 이야기가 도리에 크게 어긋나거나 틀린 말도 아니고, 어떨 때는 다른 사람이 쉽게 하지 못하는 말을 거침없이 해 줘서 속 시원할 때도 있다. 그런데 문제는 자리와 장소를 못 가린다는 것이다.

선거 때만 되면 일간지와 관련 잡지를 다 읽고 상세하게 분석해, 자기가 좋아하는 당과 추천하는 사람을 적극적으로 선전해 주기도 한다. 대선 기간에는 바빠서 그 친구의 얼굴을 보기가 힘들다. 대선만 끝나면 당선자의 부름으로 곧 바로 청와대로 들어갈 사람 같다. 그러나 선거가 끝나고 몇 해가 지나도 그는 여전히 백수다.

행여 여럿이 식당에 가서 음식을 남기기라도 하면 큰일난다. 갑자기 눈이 동그래지면서 불호령이 떨어진다. 지구 환경 문제부터 아프리카 소말리아의 기아 문제와 테이블 매너까지 일장 연설이 이어진다. 빅마우스는 함께 있어도 친밀감이나 속 깊은 정을 느끼기 힘든 것이 이때문이 아닐까 싶다.

CS Specialist

유혜선의 당당한 서비스

고객의 마음을 읽고 기본 심리를 존중하라. 시장은 예측할 수 없는 상황으로 변한다. 변화 자체가 변한다. 변화의 시대에는 고객의 욕구를 충족시키는 방법도 변해야 한다. 사람은 누구나 나이나 직위를 떠나 인정 받고 칭찬 받고 싶어하는 강력한 욕구가 있다.

공식적인 자리에서 만남을 가지는 경우에는 차분하면서도 큰 목소리가 어울리고, 친한 사람과 친밀감을 나누고 싶거나 연인과 사랑을 속삭일 때는 작은 목소리로 소곤소곤 이야기해야 더 깊은 애정이 느껴진다. 상황에 따라 고객의 옆에서 다정하게 속삭여야 할 때가 있고, 상쾌하고 밝은 목소리로 호들갑스럽게 응대를 해야 할 때도 있고, 또 절도 있고 단정하게 매너를 갖춰야 할 때가 있고, 터무니없는 요구를 하는 고객에게는 단호하게 거절해야 할 때도 있다.

그런데 각 회사의 『CS 매뉴얼』을 보면 하나같이 밝고 경쾌한 목소리 '솔' 톤을 유지하라고 되어 있다. 수령님의 꽃봉오리들도 아니고 어느 상황에서든 획일적으로 높은 '솔' 톤으로 계속 이야기한다는 것은 현실과 거리가 멀다. 똑같은 음높이에, 똑같은 음색으로 말하는 것은 고객의 입장을 전혀 고려하지 않는다는 의미이다. 상황에 대해 고민하지 않고 일방적으로 하는 CS는 이제 그만해야 한다. 대부분의 기업들의 고객 만족은 자기 입장에서의 만족이다. 교육받은 대로 열심히 하고 있다는 자기 만족감 이외에는

CHAPTER_2 접점에서 최선을 다하기 79

고객으로부터 아무것도 얻지 못한다.

　남자들이 가장 쉽게 친해지는 때는 나쁜 일을 함께 했을 때라고 한다. 아무도 모르는 자신들만의 비밀이 발설되면 서로에게 똑같이 치명타가 되기 때문에 공생의 협약에서 맺어지는 친구가 그렇게 친할 수가 없다고 한다.

　속에 있는 이야기를 은밀하게 나누고 싶어 친구에게 전화를 할 때가 있다. 그때 혼자가 아니라 남편이나 남자 친구를 동반하고 나오는 경우가 있는데, 그것은 너와는 이야기하고 싶지 않다는 의미나 마찬가지다. 제3자와 함께있는 자리에서는 속에 있는 말을 하기 힘들고, 그 친구와의 관계를 다시금 생각하게 된다.

　이기고 지는 대화의 기술에서 대화를 잘하는 방법은 작고 사소한 이야기를 서로 나누는 것이라고 한다. 이것을 우리는 스몰톡Small Talk라고 한다. 은밀하게 서로의 눈빛으로도 통할 수 있는 이야기가 있다면 그 관계는 성공적인 관계이다. 낄낄 부부가 행복하다. '지지고 볶는다'는 말이 있지 않은가? 사랑하는 사람과의 지지고 볶음 속에는 잔잔하고 사소한 사랑이 숨어 있는 것이다.

　웅진코웨이의 한 코디는 고객 집을 한 달 또는 두 달에 한 번씩 계속 드나들다 보면 고객의 말을 굳이 듣지 않고서도 '그 집의 문제가 어떤 것인가'를 잘 알 수 있다고 한다. 어느 날 정수기 점검차 어느 고객 집에 들어섰는데 고객이 문만 겨우 열어 주고, 방안에서 머리가 헝클어진 채로 넋을 놓고 있는 것이 아닌가. 그래서 조심스럽게 점검을 하고 있는데 고객이 잠깐 방으로 들어와 보라고 한다.

　문제는 아들이었다. 어제도 집을 나가 들어오지 않자, 남편이 "아이들 가정 교육을 어떻게 시키는 거냐?"라고 말해서 대판 싸웠다고 한다. 그녀는 "자존심 상해서 친정에도 말 못하고, 친구들에게는 더욱 말 못하고, 그래서 이해 관계가 없으면서 집안 사정을 말하지 않아도 다 알고 있는 코디님이 편하다"고 하면서 자신의 살아온 이야기를 하염없이 쏟아내는 것이었다.

그 코디는 "어느 여잔들 그러지 않겠느냐?"며 그 고객과 함께 서로 자신들의 이야기를 나누었다. 이제 두 사람은 서로의 눈빛으로도, 한두 마디의 말만으로도 서로의 기분을 이해해 주는 친한 사이가 되었다고 한다.

가정을 정기적으로 방문을 하는 현장 서비스인들은 그 가정의 만물 카운슬러 역할을 해야 할 때도 있다. 주부의 심리, 여성의 심리, 소비자의 심리, 아동의 심리 등 다양한 고객층에 맞는 상담자 역할이 바로 가정의 만물 카운슬러 역할이다. 특별한 사회 활동 없이 집안일에 전념하는 주부들, 특히 나이가 든 주부들은 자식과 남편으로부터 소외되어 있다고 생각하기 때문에 대화의 상대를 필요로 하는 경우가 많다. 이때 좋은 대화의 상대가 되어 주면 자신의 하는 일에 좋은 협력자로 만들 수 있다.

코디들이나 CS Dr.들을 동행해 보면, 고객들이 궁금해서 옆에서 지켜보고 있는 경우가 많다. 그때는 자연스럽게 대화를 이끌어 나가야 한다. 친밀감 가고 편하게 대화할 수 있는 스몰토크를 할 수 있어야 한다. 처음 한두 마디만 시작을 하면 고객은 자신의 이야기를 술술 털어 놓게 된다. 이때 맞장구나 세 가지 이상의 칭찬만 해 주면 된다.

말을 잘하는 것은 기술이지만 말을 잘 듣는 것은 예술이다. 하지만 훈련이 되어 있지 않은 사람들은 대부분 입을 꾹 다물고 침묵과 정적의 어색함 속에서 빨리 일을 끝내고 싶어 한다.

고객의 이야기 속에는 다양한 주변 정보가 있다. 가족 이야기, 이웃 이야기, 주변 환경 이야기 속에 정보가 있고, 그 정보에 엄청난 기회들이 숨어 있다는 것을 알아야 한다. 그런데 날씨에서부터 사회 주변의 아주 사소한 이야기까지 하는 것은 좋은데, 정치나 종교 이야기는 스몰토크가 되기 쉽지 않으므로 피하는 것이 좋다.

고객과 논쟁을 하는 경우는 절대 금물이다. 대화에서 이기고 관계에서 지는 사람이 '빅마우스'이다. 대화에서 지더라도 관계에서 이길 수 있는 사람이 진정으로 이기는 사람이다. 이는 상대방과 스몰토크를 즐기면서 좋은 관계를 끊임없이 이어 가는 사람이다.

그리고 스몰토크를 할 때는 반드시 지켜야 할 거리가 있다. 어느 한계선까지 서로를 응대하는 인간적인 한계 거리이다. 사랑하는 연인들 사이에는 문제가 없지만 일정한 비즈니스 공간에서 상대방에게 너무 가까이 근접하여 이야기하면 상대방에게 불쾌감을 줄 뿐 아니라 자신감 있고 당당한 비즈니스와도 거리가 멀어진다.

사람과의 친밀도와 비즈니스의 목적에 따른 거리를 살펴보면 가장 친밀감을 표시하는 연인의 거리는 0~45센티미터, 친구나 고객에 대한 사적인 거리는 45~120센티미터, 일반적인 고객 응대로서의 사회적 거리는 120~360센티미터, 지나치듯이 목례하는 공중의 거리는 360센티미터 이상의 거리를 유지하는 것이 좋다.

> "Little man use big words, Big man use small words"
> 작고 소심한 사람은 평소에 크고 황당한 단어를 사용하여 말하고,
> 능력 있는 큰 사람은 구체적이고 작은 단어로 말한다.

유혜선의 당당한 서비스

4. 반 발짝 앞선 정보의 셀링 포인트

창의성을 가장 많이 필요로 하는 대표적인 직업이 토크쇼 진행자다. 진행자의 무한한 창의력과 의표를 찌르는 멘트, 시청자보다 반 발짝 앞서나가 지루함을 걷어 내는 진행자의 감각……. 오프라 윈프리Oprah Winfrey의 쇼를 보면 솔직하면서도 대담하게 관중의 가슴을 시원하게 찔러 주는 진행자를 만날 수 있다. 너무 앞서지도 않고 너무 뒤처지지도 않으면서 툭툭 던져 주는 말 한 마디가 바로 진행의 핵심이다. 웃음을 터트리며 카타르시스에 도달하게 하는 기술이 그 말 한 마디에 있다.

폭발적인 정보의 홍수 속에서 고객들은 혼란스러워 하기도 하고 또 필요한 정보를 찾지 못해 헤매기도 한다. 고객을 최우선으로 생각하고 서비스를 중시하는 기업에서는 이러한 고객의 호기심과 욕구를 적시에 충족시켜 주는 것도 중요한 서비스 전략으로 삼는다. 이러한 전략이 바로 셀링 포인트Selling point이다. 셀링 포인트는 세일즈에서 많이 쓰는 용어로 말 그대로 '판매 소구점'이다. 제품을 살 만한 충분한 이유를 보여 주는 핵심 요소이며 제일 자랑할 만한 것이다. 제품 설명은 성냥 한 개비에 불을 붙여 성냥이 타들

CS Specialist
유혜선의 당당한 서비스

고객을 기다리게 하지 말아야 한다. 고객 방문의 동선은 가능한 한 단순화시키고 고객에게 바르고 쉽게 전달할 수 있어야 한다.

어 가는 시간 안에 고객에게 하고 싶은 말을 정리할 수 있어야 한다.

고객은 시간이 없다. 그리고 상대방이 하고 싶은 말을 들어줄 수 있는 여유도 없다. 고객은 기다려 주지도 않는다. 따라서 짧은 시간의 틈새에서 고객의 욕구를 불러일으킬 수 있을 만한 간결한 핵심 용어가 머릿속에 정리되어 있어야 한다. 『3분력』이라는 책이 있다. 이 책은 3분 내에 핵심으로 들어가 협상을 끌어내는 것을 설명하고 있다. 상대를 3분 안에 설득하고 3분 안에 사로잡고 3분 안에 감동시켜 3분 내에 승리를 쟁취하려면, 핵심을 정확하게 파악하는 능력이 가장 중요하다.

고객의 시선이 고정되었다면, 또 고객이 들을 자세를 취했다면 이미 성공한 것이다. 아무리 상품이 우수하고 좋아도 고객의 관심을 끌지 못하면, 그것은 빛도 보지 못하고 사라지는 무수한 상품 중의 하나일 뿐이다. 따라서 우선 고객의 눈에 띌 수 있어야 한다. 포장이든, 디자인이든, 또는 자신의 용모 복장이나 이미지 메이킹이든, 어떠한 전략을 이용하든 간에 일단은 고객의 눈에 띄어야 한다.

영국 런던의 『데일리 메일』은, 여성은 침묵을 지키는 타입의 남성을 좋아한다는 미국의 매사추세츠 공과 대학 연구진의 연구 결과를 보도했다. 여성의 말에 귀를 기울이다가 약간의 반응을 보이면서 관심을 보이고 있다는 정도의 의사 표시만 보내면, 여성은 상대를 매력적인 남성으로 느끼게 될 것이라고 한다.

영국 상담정신 치료협회 회원인 필립 호드슨은 "유능한 영업 사원은 '무엇을 원하십니까?'라고 묻고 나서 고객의 말을 듣는다. 이것이 바로 상대방의 감정을 읽어 내는 복잡 미묘한 기술이다"라고 했다.

마음을 사로잡는 대화, 이것이 바로 셀링 포인트다. 긴 말은 장황함의 본질이고, 짧은 말은 재치의 진수라고 한다. 보통 장황하게 설명하려 하거나 자칫 유식하게 자신의 지식 자랑으로 고객에게 부담을 주어, 자신이 하고자 하는 내용을 제대로 전달하지도 못하고 거부당하는 경우가 많다. 이는 고객보다 한 발짝 이상 앞서가는 것이다.

반 발짝 앞선 정보로 고객의 수준에 자신을 맞춰야 한다. "어머, 그래요?" "정말 그럴까요?" "그래, 맞아!" 등과 같은 고객에게 어울리는 톤, 고객의 감성에 적합한 느낌, 고객의 지적 수준에 어울리는 어휘, 고객의 관심사에 접근하는 표현 등이 어우러져 간결하게 핵심을 이야기할 수 있어야 한다.

세일즈맨의 상품 설명 요령에는 FAB 기법이 있다. F(Feature)는 상품의 가장 기본적인 것에 대한 지식이다. 상품의 가격이나 구성, 그리고 외형이나 판매 조건 등 회사에 상품 출시 때부터 정해져 나오는 가장 일반적인 상품의 설명이다. 대부분의 세일즈맨들은 이것을 설명하는 데 시간을 다 보내 버리고, 정작 고객에게 왜 이 상품이 필요한지에 대해 설명하는 시간은 놓쳐 버리는 경우가 많다.

A(Advantage)는 그 상품의 특장점에 대한 설명이다. 조금 준비했다고 하는

사람이 장황하게 설명하지만, 이것은 고객의 입장이 아니라 자신의 입장이다. 그것은 회사나 자기 자신이 말하는 상품의 장점이지 고객이 필요로 하는 장점은 아닐 수도 있다. "좋은 줄은 알겠지만 나에게는 필요하지 않아요"라고 말하면 끝인 것이다.

셀링 포인트의 기법을 잘 활용하여 고객에게 어필하는 것이 B(Benefit)이다. 고객의 입장에서 누릴 수 있는 혜택과 장점을 설명해 주는 것이다. 이는 고객에 대한 많은 정보와 깊은 이해가 없으면 절대로 접근할 수 없지만, 반대로 반드시 성공할 수 있는 방법이기도 하다. 여기에서 차별화와 경쟁력 있는 고객 응대를 기대할 수 있다. 고객의 욕구를 이해하는 셀링 포인트는 많은 시간을 줄여 줄 뿐 아니라 고객에게는 좋은 정보를 시간의 낭비 없이 바로 받을 수 있는 혜택을 준다.

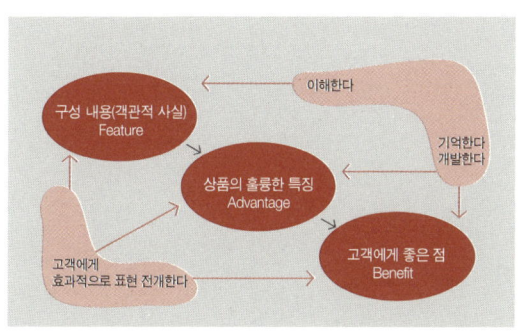

[상품 지식의 개발단계]

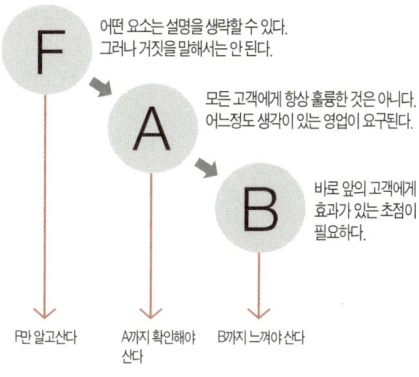

[상품 지식의 활용 전략]

일요일이나 쉬는 날에 나는 집에서 TV를 많이 본다. 평일에는 쇼핑할 시간이 많지 않기 때문에 홈쇼핑을 통해서 가끔 물건을 구입하곤 한다.

나는 눈이 나빠서 평소에 안경을 쓰는데, 날씨가 좋은 날에는 안경을 쓰고 운전하려면 너무 눈이 부시다. 그렇다고 그 위에 선글라스를 쓸 수도 없고……. 그런데 마침 홈쇼핑에서 '세이뷰'라는 자동차용 선글라스를 판매하는 것이 아닌가. 나는 기쁜 마음에 바로 신청을 했다. '자동차용 선글라스' 그 한마디 때문이다.

쇼핑 호스트가 상품에 대한 특장점을 평소 눈이 부셔서 운전하기 힘든 사람에게 잘 맞춰서 설명한 것 같았다. 무엇보다 구매자는 평소에 그런 불편함을 느끼고 있었고, 판매자는 그 부분을 잘 찔러 주었기 때문에 판매자와 구매자가 동시에 만족을 할 수 있었다.

그런데 그 상품을 만약 방문 판매 사원이 나에게 장황하게 이야기했다면 과연 그것을 샀을까? '상품 하나 팔려고 길게도 설명하는구나!'라고 생각했을 것이다. 고객이 필요로 하는 상품의 가치를 방문 판매원이 활용하지 못하고 구걸을 하다시피 하나만 사달라는 식으로 판매를 해서는 곤란하다. 그러면 고객은 강매를 당한다고 느끼게 된다. 고객이 상품의 본질적 가치를 생각하고 판단하기 이전에 결정을 강요당하기 때문이다.

상품에는 그 상품만의 본질적 가치가 있다. 그리고 그 가치를 절실하게 필요로 하는 사람이 있다. 그런데 방문 판매 사원이 고객의 필요성을 인식하지 못하고 본질적 가치를 부각시키지 못하면서 팔 생각만 하면 설명이 장황해진다. 필요하지도 않는 사람에게 억지로 팔아서도 안 되지만 정말 필요로 하는 사람이 어디에 있는지조차도 모르고 있다면 그것도 문제다.

영업 사원은 고객에게 상품을 팔 때 그렇게 많은 말을 할 필요가 없다. 고객에게 꼭 필요한 셀링 포인트만 정확하게 집어내 고객의 요구를 잘 맞춰 주면 고객은 반드시 구매할 것이다. 요즘은 고객의 수준이 예전과 같지 않고 경쟁 상품의 수준도 높기 때문에 일회성 판매보다는 평생 고객으로 만들기 위한 신뢰와 믿음을 갖게 하는 것이 매우 중요하다. 그래서 유창한 말보다는 고객의 상황에 대한 정확한 분석이 필요한 것이다.

5. 칭찬은 마음의 꽃다발

요즘같이 물질이 풍요로운 시대에는 사람들이 별로 아쉬워하는 것이 없을 것 같지만 실상은 그렇지 않은 모양이다. 사람은 가진 것이 없어서 걱정할 때보다 많이 가지기 때문에 고민할 때가 더 많다고 한다. 세계 GNP 최하위국인 방글라데시의 행복 지수가 세계 1위라고 하지 않는가. 풍요할수록 더 황폐해가는 조직과 사회 속에서는 서로 간의 칭찬 한 마디가 큰 힘이 되고 또 행복을 가져온다.

직장인은 직속 상사나 팀장에게 칭찬을 한 번 받으면 일주일 내내 즐겁다고 한다. 그 위의 임원이 "자네 팀장에게 들었는데 이번 프로젝트가 자네의 아이디어라면서" 하고 어깨라도 한번 두들겨 주면 한 달이 즐겁다. 그리고 회사의 사장님이 사무실에 와서 "김 대리가 누구야? 이번 프로젝트 성공한 사람이 김 대리 자넨가?" 하고 칭찬을 하면 그 사람은 내년 승진 때까지 행복하다.

2003년 2월 LG칼텍스의 내부 조사에 의하면, 칭찬했다는 사람은 많은데 칭찬받았다는 사람은 적다. 일주일에 3~4회 이상 칭찬했다는 사람은 32퍼

CS Specialist
유혜선의 당당한 서비스

따뜻해지고 싶으면 상대를 껴안아라. 서비스는 고객에게 베푸는 사랑이다. 사랑은 베푸는 사람이 더 큰 행복을 느끼는 권리를 갖고 있다. 미소는 최고의 화장이다. 얼굴이 꽃이라면 미소는 향기와 같은 것이다. 향기는 안으로 숨기보다는 밖으로 퍼져 나가는 원리가 있다. 미소는 자신의 얼굴에 혼을 담아 내는 것과 같다. 미소는 상대방의 가치를 높이면서 동시에 자신의 가치를 높이는 효과가 있다. 미소 짓지 못할 만큼 가난한 사람 없으며, 미소 안 지어도 될 만큼 부자는 없다.

센트, 그런데 일주일에 세 번 이상 칭찬 받았다는 사람은 11퍼센트뿐이었다. 사람들은 다른 사람의 장점을 보고 칭찬해 주는 데 매우 인색한데다, 칭찬하는 사람은 칭찬이라고 생각하지만 받는 사람 입장에서는 그렇지 않은 경우도 있다. 상대방을 칭찬해 주면 손해 보는 것 같아 칭찬을 꺼리게 된다는 사람도 있다고 하니, 우리 사회는 아직 칭찬하고 받는 것이 어색한 사회인 듯하다.

그러나 분명한 것은 칭찬 한 마디야말로 윤활유같이 사람과 사람 사이를 부드럽게 이어 주고, 삶의 의미를 새롭게 해 주기도 하는, 정말 돈이 들지 않고 무한히 베풀 수 있는 마음의 꽃다발인 것이다.

사람은 태어나면서부터 주위로부터 자극을 받으며 살아간다. 아이의 머리를 쓰다듬어 주고 사랑스러운 눈빛으로 아이를 바라봐 주는 것도 하나의 자극이다. 그런데 긍정적인 자극이 있는가 하면 부정적인 자극도 있는데, 부정적인 자극은 몇 년이 지나도 머릿속에 그대로 남는 경우가 많다.

사람은 태어나면서 죽을 때까지 자신의 본연의 모습을 정확하게 보는 순간이 단 한 번도 없다고 한다. 심지어 거울에서마저도 거꾸로 보이지 않는가. 즉, 사람은 자신이 아닌 타인에 의해 자신을 보게 되는데, 상대방이 자신에 대해 하는 이야기나 자극을 통해 자신을 돌아보게 되고 자신을 파악하게 된다.

이 같은 의미에서 어린아이들에게 많은 영향력을 미치는 교사들은 아이들의 인생에 큰 영향을 끼치는 위치에 있으므로, 아이가 자기 스스로 자부심을 얻고 지속적으로 동기를 유발할 수 있도록 칭찬을 자주 해 주어야 한다.

『엄마, 힘들 땐 울어도 괜찮아』라는 책은 부모를 칭찬하는 당돌한 아이들의 진솔하고 따뜻한 칭찬 일기를 묶어서 만든 책이다. 단순히 칭찬을 하는 것에 그치는 것이 아니라 칭찬의 상황, 칭찬의 말, 부모님의 반응, 자신의 느낌을 일기장에 기록함으로써 가정과 부모에 대한 사랑을 일깨워 주고 자신이 얼마나 소중한 사람인지를 깨닫게 하는 중요한 계기를 만들어 준다.

칭찬은 단순한 '말'이 아니다. 질책 뒤의 칭찬은 비 온 뒤의 햇살과 같다. 분위기를 누그러뜨리고 상대방을 내편으로 만드는 일종의 묘약 같은 것이다. 또 칭찬은 대인 관계나 조직 관리에서 별로 힘들이지 않고 큰 효과를 발휘하는 전략이나 수단이 되기도 한다.

상대방을 인정해 주고 칭찬해 주는 자극을 미국의 심리학자 에릭 번Eric Berne은 '스트로크stroke'라고 했다. 그것은 사회 생활 속에서 쌍방간에 자극을 주고받는 데 사용되는 일체의 수단을 말한다. 스킨십, 눈짓이나 표정, 감정, 언어 등 자신의 감정을 상대방에게 알리는 기본적인 행동 단위라고 할 수 있다.

스트로크는 크게 긍정적 스트로크와 부정적 스트로크로 나눌 수 있는데, 칭찬은 사람에게 줄 수 있는 긍정적인 스트로크이다. 사람은 어떤 형태로든지 스트로크를 받고 살고 있으며 스트로크를 받지 않으면 스트로크 기아 상태에 빠져 살 수 없다고 한다.

콜로라도 대학에서는 침팬지의 사례 연구를 통하여 스트로크의 중요성을 확인했다. 어미와 새끼 사이에 서로가 보이지 않는 벽을 두어 스트로크가 불가능한 상태로 두었더니 새끼 침팬지는 일주일밖에 살지 못했지만, 유리벽을 통하여 눈빛, 표정의 스트로크를 가능하게 했더니 2개월 정도 살았다. 그리고 구멍을 뚫어 어미 침팬지가 새끼 침팬지를 만질 수 있도록 했더니 6개월 동안 살았다는 실험 결과가 나왔다. 자라는 식물에게 모차르트 음악을 들려주어 성장을 빠르게 하고, 젖소에게 클래식 음악을 들려주어 우유와 고기를 부드럽게 하는, 긍정적인 스트로크를 통한 동식물의 임상 실험 결과도 많이 알려져 있다.

영국의 철학자 토마스 홉스Tomas Hobbes는 "복잡한 사회를 이해하기 위해서는 먼저 자기 자신의 내면 세계를 이해해야 한다"고 했다. 자신의 내면 세계는 미국의 심리학자 조지프 루프트Joseph Ruft과 해리 잉감Harry Ingham의 '조해리의 창Johari Window'을 통해서 알 수 있다.

조해리의 창은 사람의 마음을 자신과 타인이 서로 알고 있는 영역을 통하여 4가지의 창으로 구분하고 있다. 여기에는 나도 알고 상대방도 알고 있는 '열린public 창', 자신은 알고 있지만 상대방은 모르는 '숨겨진private 창', 상대방은 알고 있는데 자신은 모르는 '보이지 않는blind 창', 자신도 모르고 상대방도 모르는 '암흑의unknown 창'이 있다.

상대방은 알고 있는데 자신만 모르는 창인 '보이지 않는 창'은 '나만 모르는 창'이라고 하기도 하는데, 그 대표적인 케이스가 바로 우리나라의 아줌마들이다. 아줌마는 우스갯소리로 여자도, 남자도 아니면서 적당히 무지하고 적당히 막무가내이며, 가정 공화국 대통령이며, 쇼핑과 사치와 수다를 즐기는 제3의 성이다. 집안에서 남편에게 큰소리치며 아이들을 휘어잡는

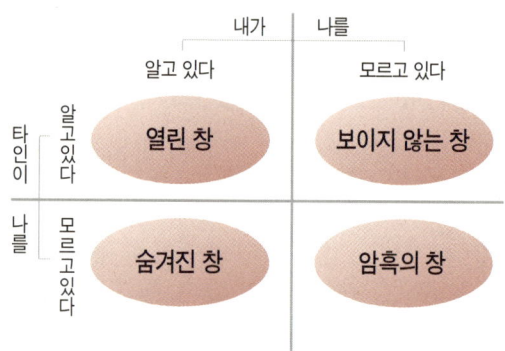

주부가 사회라는 곳에 나오면 얼마나 사회성과 멀리 떨어져 작은 울타리 속에서만 살아왔는지를 알게 하는 어색한 순간들을 비하해서 쓰는 말이다. 하지만 자기 관리를 하면서 열심히 살아가는 주부들은 불쾌할 수밖에 없다.

가장 위험한 것은 자신도 모르고 타인도 모르고 살아가는 '암흑의 창' 사람들이다. 좋은 기회와 자극으로 자신이 몰랐던 자질과 기질이 발견되기도 하지만 자기 자신도 모르게 사고를 저지르는 경우도 있다. 그래서 이것을 '골 때리는 창'이라고도 한다. 우리는 이 같은 부정적인 창에 해당하는 모습을 줄이고, 건전한 사회 관계 속에서 서로에 대한 많은 칭찬과 인정을 통하여, 또는 교육을 통해서 타인도 잘 알고 자신도 잘 아는 열린 창의 영역을 넓혀 가는 것이 좋다.

성공한 사람들과 대화를 하다 보면 넓고 큰 바다에서 편안하게 수영을 하는 것 같은 느낌이 든다. 상대방을 배려하고 인정하고 칭찬하고 경청해 주고 그리고 자신의 의견을 편안하게 들려주는 느낌, 즉 열린 창의 영역이 다른 사람에 비하여 무척 넓은 것이다. 성공한다는 것, 사회성을 갖는다는 것, 센스와 감각이 있다는 것, 매너와 서비스 정신을 갖는다는 것은 이러한 열린 창의 영역을 무한히 넓혀 가는 것이다. 그것은 무엇보다 칭찬을 통해서 개발될 수 있는 최선의 지향점이다.

고객을 만날 때도 마찬가지다. 고객과 대화 중에 자신이 일방적으로 대화를 이끌고 나가서는 안 된다. 고객 감동 123 화법을 구사하라. 1분 이내에 화두를 던지고 2분 이상 상대방의 이야기를 듣도록 하며 3번 이상 맞장구를 치며 칭찬을 해 주어라. 상대방의 이야기를 잘 들어주는 것이 최상의 감동 화법이다.

아무리 편한 사이라 해도 자기 이야기를 마구 쏟아내고 나면 굉장히 허전함을 느낀다. 고객이 당신을 편한 상대라고 생각하여 자신의 이야기를 허물없이 내 놓았다면, 그 대화를 마무리할 때는 반드시 들은 내용에 대하여 세 가지 이상의 칭찬을 꼭 해 주고 헤어져야 한다.

자식 이야기를 들은 후에는 "그래도 그 아이가 효자가 될 겁니다. 너무 염려하지 마세요"라든지 "원래 머리가 좋은 아이들이 클 때 말썽을 피우는데 너무 걱정하지 마세요" 외모에 대한 이야기를 들은 후에는 "고객님 젊을 때는 남자들에게 인기가 많았겠는데요" "이렇게 가까이 뵈니 화장을 하지 않았는데도 피부가 너무 곱습니다" 등의 칭찬을 하면, 말을 쏟아낸 뒤의 허무한 마음을 말끔하게 가다듬어 주게 된다. 또 거기에 상대방에 대한 무한한 신뢰감이 쌓이게 된다. 미소는 자연의 화장품이라고 하듯이, 칭찬은 사람이 나누고 베풀어 줄 수 있는 최대의 선물이며 마음의 꽃다발인 동시에 고객을 만족시키는 무한의 서비스이다.

6. 느낌을 주는 서비스

21세기는 이미지의 시대, 이미지 커뮤니케이션의 시대라고 한다. 자신의 부가가치를 최고로 높이고 싶다면 자신만의 고유한 이미지를 나타낼 수 있어야 한다. 그러나 사람들은 자신의 이미지를 만들고 가다듬는 일을 여성들의 화장술처럼 자연스럽지 않고 인위적인 일이라고 생각하는 경우가 있다. 그래서 자신의 모든 것을 알맹이 자체로 승부하는 것이 훨씬 비중 있고 가치 있는 일이라고 생각한다. 하지만 자신을 보여 주기도 전에, 어떤 문제의 핵심이나 본론에 들어가기도 전에 제대로 인상을 남기지 못하고 그저 스쳐 지나가는 경우가 많다.

많은 사람들과의 만남 속에는 엄청난 기회와 인연이 있다. 기회와 인연이 주어졌을 때 내 것으로 만들 수 있는 사람이 능력 있는 사람이고, 또 만남의 기회를 최대한 살릴 수 있는 사람이 성공할 수 있다. 만남, 그 짧은 순간에 어떠한 느낌이 있어야만 마음의 문이 열려 다음 단계로 접근할 수 있다.

단지 말을 유창하게 잘한다고 해서 그 말이 사람들의 기억 속에 남는 것은 아니다. 유식한 말을 많이 한다고 해서 사람들에게 감동을 주는 것은 결

CS Specialist
유혜선의 당당한 서비스

타고난 운명은 어쩔 수 없다. 그러나 표정은 바꿀 수 있다. 표정은 연습으로도 충분히 달라질 수 있다. 아침에 거울을 보면서 웃는 연습을 해 보자. 첫날은 어색해 보일지 모르지만 곧 익숙해질 것이며, 익숙해질수록 표정은 달라질 것이다.

코 아니다. 촉촉하게 가슴을 울려 주는 말 한 마디와 진심 어린 행동이 사람의 마음을 움직일 수 있다. 왠지 모르게 느낌을 주는 사람, 표정 속에 가식이 없고 맑고 깨끗한 느낌을 주는 사람, 그런 느낌을 줄 수 있는 사람이라면 그 사람은 정말 다른 사람과의 관계에서 성공할 수 있는 사람이다.

사람과 사람과의 관계에서 보여 주는 가장 호의적인 감정에는 'I Like'와 'I Love'가 있다. I Like는 사람을 포함한 사물이나 물건, 유형·무형의 모든 대상을 지칭할 수 있지만, I Love는 오로지 사람의 감정에만 호소하는 지극히 인간적인 표현이다. 애정을 표현할 때 "I Like You"보다 "I Love You"가 훨씬 더 인간적인 호소력과 깊이가 있다. 그러나 I Like You, I Love You보다 훨씬 더 가슴 절절한 표현은 "I Feel You"이다. 남녀간의 사랑의 관점에서 보면 I Like You와 I Love You는 일방적일 수 있지만 I Feel You은 호흡과 맥박을 같이하는 완벽한 양방향 커뮤니케이션이다. Any Time Any Place, I Feel You! 느낌은 결국 사람의 마음을 움직이게 하는데, 사람을 사랑하는 데도, 삶을 사는 데도 이 느낌을 주기 위한 약간의 기술이 필요하다.

3초의 미학이 유행하고 있다. 유창한 말솜씨도 필요 없다. 많은 말도 필요 없다. 3초간의 여유만 있으면 된다. 기적을 만들어 주는 3초간의 여유, 첫인상 3초의 혁명. 3초 안에 어필하지 못하면 상대방에게 기억될 수 없다. 다음은 3초의 기적을 정리한 내용이다.

Eye Catch and Mind Catch!!

1. 상담을 할 때나 맞선을 볼 때 3초간만 상대방을 지긋이 바라보라

처음 누군가를 만날 때는 상대방이 어떤 사람일까 하고 탐색을 하게 된다. 이러한 짧은 탐색의 시간이 어색함과 긴장감을 가져오게 되어 바람직하지 못한 결과를 초래할 수도 있다. 3초간의 따뜻한 시선으로 "나는 당신을 원합니다" "나는 당신을 신뢰합니다"라는 강렬한 눈빛의 메시지를 전달하면 상대방의 마음은 자연스럽게 열리게 된다.

2. 인사를 할 때 허리를 굽혀 3초간만 지속한다

인사의 종류에도 허리의 각도에 따라 45°의 정중례, 30°~15°의 보통례, 5°의 가벼운 목례의 일상적 인사가 있다. 인사의 각도가 상대방에 대한 경의 정도는 아니다. 상황과 경우에 따라 인사하는 사람의 마음을 정중하게 표현하는 것이 더 중요하다. 가벼운 느낌이 들지 않게 3초간 정지했다가 천천히 상체를 올리면서 잠깐 상대방의 눈을 바라보면, 정말 상대방에 대한 경의의 마음이 정중하게 표현된다. 목을 까딱하거나 허리만 굽신거리는 인사는 경솔하고 가벼운 느낌만 준다.

3. 물건이나 위치를 지시할 때 3초간만 정지해 보라

지시 동작을 나타낼 때 손가락을 가지런히 모아 지시하는 장소나 물건의 방향으로 3초간만 정지해 본다. 동작 자세가 굉장히 우아해 보일 뿐 아니라 성의와 정성을 다하는 모습을 보여 주게 되며, '정말 친절하게 나를 안내를 하고 있구나' 하는 느낌을 주게 된다.

4. 프레젠테이션을 하기 위하여 단상 앞에 섰을 때 3초간만 잠깐 서 있어 보라

허둥지둥 단상에 올라가 주위를 집중시키지 못하고 이야기를 시작하는 것은 프레젠테이션의 아마추어적인 행동이다. 3초 동안 주위를 한번 둘러보고 자세를 갖추는 잠깐의 정적은 시선집중은 물론이고 본인의 마음도 안정이 되어 차분하고 집중된 분위기 속에서 프레젠테이션을 시작할 수 있게 한다.

5. 아쉬움과 미련이 남을 때 비스듬히 어깨 너머로 시선을 들어 3초간만 바라보라

사람과의 만남에서 가장 마지막의 모습이 상대방의 머릿속에 남게 된다. 아쉬움과 미련을 말로써 표현하는 것보다 촉촉한 눈망울을 마지막 잔영으로 상대방의 가슴속에 남겨 놓을 수 있다면 아무리 매몰찬 사람이라도 다시 한 번 생각하게 될 것이다. 비스듬히 어깨 위로 3초만 상대방의 눈을 바라볼 수 있다면, 상대방은 당신의 애절한 마음을 읽고 꼼짝하지 못하게 될 것이다.

6. 화가 나서 펄펄 뛰는 사람에게 3초간만 진지한 자세로 고개를 끄덕이며 들어 준다

일단 화가 난 사람은 앞뒤로 많은 사연과 사건들로 감정이 엉켜 있다. 그런 사람에게 아무리 논리적이고 설득력 있는 말을 해도 통하지 않는다. 오로지 그 사람의 마음을 이해한다는 자세만 있으면 된다. 3초만 그 사람을 보면서 진지하게 고개를 끄덕여 주기만 하여도 상대방의 마음은 봄 눈 녹듯이 사르르 가라앉으며 그 상황을 이해하려고 노력하게 될 것이다. 그 정도로 상대방을 리드할 수 있다면 당신은 정말 뛰어난 화술의 마술사라 할 수 있다.

7. 악수를 할 때 3초만 손에 꽉 힘을 주어 흔들어 준다

동서양을 통틀어 사람을 처음 만났을 때 하는 가장 일반적인 인사법이 악수이다. 간단하고 일반적인 인사이지만 악수를 통해서 만남이나 관계의 결정적인 계기가 마련될 수도 있다. 잠깐 동안의 스킨십으로 서로의 기를 느낄 수 있으며 상대방에 대한 신뢰도, 자신감, 서로에 대한 우호적인 감정까지도 느낄 수 있다. '앞으로 사람과의 관계를 계속할 것인가 말 것인가'의 판단은 손을 잡은 3초간의 여유를 통해서 안다. 자신감 있고 당당하게 3초만 손에 꽉 힘을 주어 당신의 기를 전달해 보라. 당신의 비즈니스 상담은 황금알을 낳는 거위로 변하게 될 것이다. 다른 사람과의 만남에서 3초간의 여유의 기적을 만들어 내는 사람, 그 사람이 느낌을 주는 사람이다.

서비스는 센스이고 감각이다. 고객이 느낄 때까지 꾸준한 관심과 애정으로 고객이 진정으로 원하는 것을 충족시키고 고객의 삶의 질을 변화시켜 주는 서비스야말로 이 시대가 요구하는 진정한 서비스이며 보다 경쟁력 있는 서비스이다. 또한 그러한 느낌을 주는 서비스에서 부가가치를 높일 수 있는 사람이 성공할 수 있는 사람이다.

표정이나 말에도 맛과 향기가 있다. 이러한 느낌은 내적 안정감과 자신감 속에서 우러나오며 이러한 자신감은 자기 자신을 다른 사람과 차별화시켜 줄 수 있는 중요한 요인이 된다. 고객에게 느낌을 전달하라. 진정으로 고객이 느낄 때까지……

III

After Service

한 번 고객을
평생 고객으로

오늘날 고객 만족의 화두는 한 번의 고객을 평생 같이하는 충성 고객으로 만드는 것이다. 여러 가지 업무 혁신과 프로세스의 개선이 대두되고 있지만 최종 목표는 결국 고객에게 제일 편한 방법을 제공하는 것이다. 그것은 '고객의 입장에서 얼마나 고민했는가'의 문제와도 같다.

CS Specialist_규헨션의 당당한 서비스

1. 웅진의 고객 만족 전략

2. 깔때기 고객 관리

3. 충성 고객 만들기

4. 보유 능력과 발휘 능력

5. CO-WORK하라

6. 작은 습관의 힘

1. 웅진의 고객 만족 전략

대기업의 성패는 20년에서 30년 사이에 결정된다. 20년에서 30년 사이 성장 곡선의 변곡점에서 과감하게 경영 혁신을 통하여 변신에 성공하느냐, 실패하느냐에 따라 100년 기업으로 가느냐, 무수히 사라지고 마는 기업 중의 하나가 되느냐가 판가름나는 것이다.

25년의 변곡점에서 웅진의 가장 대표적인 키워드는 서비스 마케팅이다. 마케팅의 주체가 되는 3C, 즉 고객Customer, 회사Company, 경쟁사Competitor 중에서 회사에 대해서 말할 때 대개 R&C(Resource & Capability)를 이야기한다. 웅진의 R&C는 사람을 자원으로 하고 판매를 핵심 역량으로 하는 전형적인 서비스 마케팅에 있다. 지금까지 우리가 생각하고 있던 고객의 개념이 급변하는 오늘날의 기업 환경 속에서도 그대로 적용될 수 있을까? 이제는 기존의 고객 만족보다는 좀더 강한 메시지가 필요하며, 이러한 시대적 변화의 요구에 의하여 탄생한 것이 기존의 고객 만족 CS와는 다른 CO(Customer Obsession)라는 신사고·신경영의 개념이다.

CS Specialist

유혜선의 당당한 서비스

고객을 존중하라 고객은 누구나 위엄을 갖추고 싶어 하며 중요한 대접 받기를 원한다. 고객에게 물어 보라. 귀사의 훌륭한 서비스 경영 컨설턴트는 고객이기 때문이다. 고객 행복 주식회사를 만들어라. 고객을 주인으로 섬기는 경영, 이것이 21세기 서비스 경영이다.

CO의 의미는 병리적인 단어로서 집착의 상태, 강한 편집증, 강박 관념의 상태를 의미한다. 미국이나 서양의 선진국에서 Obsessive라는 단어는 자신이 좋아하는 것에 대한 강한 애정의 상태, 마니아의 상태, 강한 열망과 열정의 상태를 의미한다. 즉, 고객이라고 하면 자다가도 벌떡 일어나야 하는 열애의 상태를 말한다. 미래 경영학자 톰 피터스Tom Peters는 '편집중적인 열정'을 가진 사람이 높은 성과를 낼 수 있다고 했다. 고객에 입장에서 보면 고객을 열광하는 팬으로 만들어야만 그 기업은 살아남을 수 있으며 경쟁력을 가지고 있다고 할 수 있다. 인생의 성패를 좌우하는 것은 머리가 아니라 열정이다. 토머스 에디슨Thomas Edison은 2000번의 실패와 난관을 극복하고 전구를 개발했다. 지식으로는 할 수 없는 일, 오직 열정적인 내부의 에너지가 0.5퍼센트 성공률을 이루어 낸 것이다.

CO는 고객 니즈 파악, 서비스 창출, 고객 진화 수용의 세 가지 요소로 구성된다. 언제 어디서나 고객의 요구를 예리하게 감지하고 신속·정확하게 대응해 고객을 만족시키고, 새로운 고객을 지속적으로 확대·재생산하며, 기존의 고객을 평생 고객으로 유지할 수 있는 역량을 말한다.

웅진에서는 회사의 고성과자High performance, CEO 및 각 본부장과의 인터뷰와 FGI Focus Group Interview를 통하여 세 가지 그룹인 Thinking 부문, Working 부문, Relating 부문에서 원칙 준수, 혁신 지향, 팀워크를 일반 공통 역량으로 구분하고, 인재 육성, 비전 제시, 성과 관리를 관리자 역량으로 구분하여 6가지 역량을 도출했다. 이러한 6가지 역량은 고객을 중심으로 하는 CO를 포함하여 7가지의 핵심 역량을 기본 역량으로 하고 있다. 이러한 7가지 역량을 신인사 제도에서는 역량 평가의 기준으로 설정하여 이러한 역량을 갖추고 성과를 창출해 내는 사람을 인재라고 규정했다. 이러한 인재를 기반으로 하는 성공적인 CO의 실천을 통하여 서비스 마케팅 회사로서 대외 경쟁력을 갖는 것이다.

요즘 많은 대학의 경영 대학원이나 대기업의 인재 개발원에서 웅진을 벤치마킹의 대상으로 삼고 있다. 그 힘든 IMF와 여러 번의 위기 속에서도 끄떡없이 성장 곡선을 그리고 있는 웅진의 전무후무한 성장 기록이 모범이 되고 있는 것이다. 웅진의 성공 요인은 다음의 두 가지로 요약할 수 있다.

1. 사업의 방향성이다

속도의 경제에서 빨리 가는 것도 중요하지만 기업과 인생은 속도가 아니라 방향이다. 방향을 잘못 잡으면, 빨리 갈수록 원하는 목적지와 멀어진다. 21세기의 모든 업종은 다음의 5가지에 축약·편입되고 나머지는 모두 다 사라진다고 한다.

- IT Information Technology : 정보 통신 분야
- BT Biology Technology : 생명 공학 분야
- NT Nano Technology : 초정밀 원자 세계 분야
- CT Culture Technology : 문화 관광 콘텐츠 분야
- ET Environment Technology : 환경 공학 분야

웅진은 미래 지향적인 환경 부분을 사업의 영역으로 하고 있으며, 위의 5가지 영역을 공통적으로 포함하는 교육 사업에 주력해 여성 인력을 잘 활용하고 있다는 것이 큰 장점이다. 이는 시간이 지날수록 더 유리하다. 앞으로 이것이 계속적인 사회의 이슈가 될 것이기 때문이다.

2. 기업의 투명성이다

아무리 한국 경제가 저력이 있다고 해도 외국인들이 한국에 투자를 꺼리고 불신하는 이유는 우리 사회에 신뢰와 윤리가 없다고 생각하기 때문이다. 앞으로 세계적인 기업, 글로벌 기업의 잣대는 투명성과 윤리성이다. 웅진이 몇 년째 윤리 기업으로 수상을 하는 걸 보면 그 분야에 대해서는 대외적으로 인정을 받고 있다는 생각이 든다.

기업의 오래된 습관을 문화Culture라고 한다. 각 계열사별로 그 회사의 분위기를 만들어 가는 젊은 CEO들의 유연하면서도 근성 있는 경영 정신과 독특한 문화를 이야기하지 않을 수 없다. 웅진코웨이개발에서 매달 한 번씩 개최하는 호프데이는 대표 이사와 직원들이 스스럼없이 어울릴 수 있는 자리이다. CEO 박용선 대표의 유머 넘치

고 재치 발랄한 폭소의 대향연까지 덤으로 즐길 수 있다. 서비스하는 여종업원이 봉사료는 대표님께 드리고 싶다고 할 정도로 대표가 자신을 낮추고, 그래서 전사원이 격의 없이 즐길 수 있는 날이다. 참가회비 5000원만 내면 마음껏 마실 수 있어 부담도 없다. 참석을 하면 평소에 대화가 없던 타부서의 직원들을 골고루 만나서 얼굴을 익힐 수 있다. 박용선 대표는 아무리 늦게까지 같이 술을 마셔도 그 다음날은 완전히 다른 모습으로 업무를 챙기고 변함없이 업무 문제를 콕 집어낸다. 그래서 그는 귀신이라고 불린다.

생각하는 불도저로 유명한 웅진식품의 조운호 대표는 '자장면 데이'로 유명하다. 평소에 인사부에서는 다른 부서의 직원과 점심을 같이하고 싶어 하는 직원이 있으면 사내 메일을 통하여 연결시켜 준다. 물론 직원들이 자발적으로 만들어 가는 행사이다. 그런데 한 달 동안 한 번도 점심에 초대 받지 못한 직원들은 모여서 조운호 대표와 함께 자장면을 먹는다. "얼마나 사내에서 인기가 없으면 한 달 동안 한 번도 초대 받지도 못했냐?"며 핀잔을 듣기도 하지만, 패자부활을 위한 자장면이 그렇게 인기 있고 맛있을 수가 없다고 한다.

웅진씽크빅의 김준희 대표는 편집부 출신답게 신상품을 개발할 때는 상품 개발자들과 아주 격렬하고 진지한 토론을 나눈다. 충분한 대화와 격의 없는 토론을 통하여 세계 최고의 책들이 만들어지는 것이다. 이 같은 임원들의 직원을 향한 열린 마음과 격의 없는 표현은 직원들의 마음과 사내의 분위기를 이해하고 많은 새로운 아이디어를 얻는 원천이 된다.

CS Specialist
유혜선의 당당한 서비스

대부분의 기업에는 경영 정신이라는 것이 있다. 그런데 경영 정신을 나타내는 표어는 대개 너무도 거창하고 무겁다. 요즘 학교의 급훈도 재미있게 변하고 있다. 실질적으로 가슴에 와 닿는 급훈을 학생 모두가 참여하고 토의해서 만든다고 한다. 다음의 급훈을 보면 옛날의 '성실' '열심히 공부하자' '협동' 등과는 완전히 차원이 다름을 느낀다.

급 훈	급 훈
"엄마가 보고 있다"	"대학가서 미팅 할래 공장가서 미싱 할래"

웅진의 경영 정신은 '또또사랑'이다. 경쾌하고 신선하지 않은가? 사랑하고 또 사랑하면 이 세상에 이루지 못할 것이 없다는 의미이다. 사랑하고 또 사랑하는 사고와 행동에는 6가지 사랑이 수반되어 있다. 일에 대한 사랑, 도전에 대한 사랑, 변화에 대한 사랑, 고객에 대한 사랑, 조직에 대한 사랑, 사회에 대한 사랑이 그것이다. 주인 의식을 갖고 즐겁게 일하는 마음, 목표 달성을 이루기 위한 긍정적이고 적극적인 자세, 경쟁력을 극대화하는 헌신적인 노력, 최고의 제품과 서비스를 통한 고객 만족, 열린 마음으로 협력하는 태도, 사회에 기여하는 정신이다.

조직이 움직이고 굴러가는 데 어찌 갈등과 모순이 없겠냐마는, 조직의 갈등과 모순을 사랑이라는 묘약으로 서로 치유하고 감싸 안으면서 발생하는 경쟁력이 이제는 기업의 자산이 되어 가고 있다.

2. 깔때기 고객 관리

영업의 마음에는 농부의 마음과 사냥꾼의 마음이 있다. 사냥꾼은 한 방의 총으로 자신이 원하는 것을 얻는다. 대신 맞추지 못하면 다음을 기약할 수 없다. 그렇지만 농부는 가을의 풍년 추수를 기다리면서 한여름에 땀 흘려 거름을 주며 밭을 일군다. 결실을 보려면 오랫동안 기다려야 하고 정성을 쏟아야 한다. 농부의 마음은 고객의 마음에 씨를 뿌리고 경작을 하면서 수확하는 확률을 높여 가는 것이다.

나는 웅진코웨이 렌털 사업 본부의 지국장을 경험했다. 렌털 사업 본부의 코디 시스템을 만들어 놓고 보니, 직접 한 번 운영해 보고 싶은 욕심이 생겼다. 사업 본부에서 본사 과장의 직책을 달고 코디 출신 지국장들과 함께 경쟁을 해야 하는 입장이었다. 입사 때 보았던 본사 교육팀장이 같은 지국장으로 뛰니까 지국장들 간의 경쟁 심리가 보통이 아니었다. 그들을 보니 잘해야 한다는 부담감과 책임감이 한꺼번에 밀려오면서도 '그까짓 영업, 교육할 때처럼 하면 되겠지' 하는 도전심까지 생겼다.

CS Specialist
유혜선의 당당한 서비스

불평하는 고객이 초일류 기업을 만든다. 불평 고객은 평균 12명에게 기분 나쁜 일을 전한다. 만족한 고객은 평균 3명 정도에게 자신의 경험을 이야기한다. 불평하는 100명의 고객 중에서 단지 4퍼센트만이 불평을 토로한다. 1명의 고객을 잃으면 300명의 잠재 고객을 잃는다. 1명이 평균 12명 정도에게 이야기하고, 12명은 평균 6명 정도에게, 6명은 평균 3명 정도에게 전하는 부정적인 소문의 악순환이 이루어진다. 사람들은 심리적으로 나쁜 경험을 오래 기억한다.

대학원 때 어느 교수님은 의학이 다른 인문과학에 비하여 발전하는 이유는 그들이 배운 이론을 수술과 실험을 통하여 지속적으로 검증하여 바로 현실에 적용하기 때문이라고 했다. 지국장은 서비스 마케팅의 이론을 이렇게 실행과 검증을 통하여 현장에 적용해 보는 소중한 경험이었다. 그 동안 교육팀장으로서 훈수만 두었다면, 이제는 실전에서 직접 해 보는 것이었다.

영업은 이론이 아니라 실제 판매 현장에서 이루어진다. 지국장은 코디를 관리해야 하지만 동시에 자신도 실적이 있어야 한다. 나는 정수기 렌털 사업이 전형적인 회원 관리 사업이기 때문에 고객 관리가 가장 중요하다는 생각을 했다. 그래서 가장 손쉬운 방법인 연고부터 시작해 주변의 가망 고객 리스트를 작성했다.

주변 사람들을 관리하지 않은 사람도 최소한 120명 이상은 알고 있다고 한다. 나의 경우는 오랫동안 직장 생활을 해 왔으니 적어도 200~300명 정도는 리스트에 적을 수 있을 것 같았다. 우선 450명의 리스트를 적었다. 그 잠재 고객 중에서 정수기를 필요로 하거나 권하면 살 것 같은 고객들의 리스트를 다시 정리해 보았다. 228명의 리스트를 만들 수 있었다. 228명의 가망 고객에게 명함과 함께 우편 발송을 했다.

그리고 일주일쯤 뒤에 우편물이 잘 도착했는지 확인할 겸, 가장 경비가 적게 들면서 대량으로 손쉽게 할 수 있는 텔레마케팅telemarketing을 실시했다. 그렇지 않아도 필요하다고 생각하고 있었다면서 당장 계약을 요구하는 사람이 8명이나 되었다. 그리고 좀 생각을 해 보자고 시간을 달라고 한 사람이 28명 정도 됐던 것 같다. 28명은 그 다음 달 초에 전화를 한 번만 더 하면 계약이 성사가 될 것 같다는 생각이 들었다.

위에서 소개한 방법이 전형적인 '깔때기' 고객 관리 영업이다. 깔때기를 내려가면서 계약의 확률을 높이는 방법이다. 깔때기 고객 관리의 제1원칙은 본인의 잠재 고객과 가망 고객을 확보하는 것이다. 한 번에 당장 계약할 것을 권하면 고객은 마치 강매당하는 것 같은 기분 때문에 피하는 경우가 많다. 나도 물론 거절을 당하거나 무시를 당하는 처절한 느낌을 받은 적이 있다. 그러나 시련은 잠시뿐, 한 건 한 건 계약이 이루어질 때마다 색다른 성취감을 느낄 수 있었다.

깔때기 고객 관리 영업은 시간 관리 영업이다. 영업할 때는 두려움을 없애고 천천히 시간을 갖고 천천히 진행해야 한다. 판매하는 사람은 자신의 개성과 노력과 서비스를 제공하고, 받는 사람이 특별한 신뢰감을 갖게 해야 한다. 골든타임이 될 때까지 고객에게 정성과 관심을 기울여 주면서, 서비스를 사이에 두고 새로운 인간 관계를 형성해야 한다.

나는 한 달에 10~20건 이상의 계약을 매달 빠지지 않고 이루어냈다. 연고에 의하여 한두 번 실적을 내는 것은 별로 의미가 없다. 지속적인 성과가 중요하다. 초기에 계약한 고객에게 정수기를 쓰면서 불편함이 없느냐고 한 달에 한두 번 전화를 했다. 거기서 주변 사람의 소개나 정보 소스가 들어오기도 하여 그것을 잠재 고객이나 가망 고객 리스트에 올리기도 했다.

지국장은 매주 월요일마다 주례 미팅을 한다. 어느 월요일, 때마침 월말이라 "오늘 한 건씩만 꼭 하자"며 파이팅을 하고 팀원들을 현장으로 내보냈다. 월말의 미팅은 평소 때와는 달리 좀 노골적인 요구를 하게 된다. 그런데 갑자기 고객으로부터 "지국장 바꾸라"는 전화가 왔다. 방문한 코디가 "계약이 성사되지 않으면 지국장이 들어오지도 말라고 했다"며 돌아갈 생각을 하지 않는다는 것이었다. 얼마나 황당하고 죄송한지 백배사죄하고 당장 코디를 돌려보내시라고 했다.

미팅 때 꺼낸 말이긴 했지만 그 말뜻을 잘 이해하고 움직여야 하는데 신입이라 그런지 융통성이 없었다. 계약이란 절대로 성급하게는 이루어지지 않는다. 골든타임이 될 때까지 고객과의 밀고 당기기를 수없이 반복해야 하는 농부의 마음이 필요한 것이다.

교육 현장에서 지도했던 영업 과정 다섯 가지를 정리하여 소개한다.

1. 어프로치 단계

이 단계에서는 우선 고객과의 친밀도를 형성할 수 있어야 한다. CS 교육에서 배운 예의범절을 떠올리고 밝고 좋은 인상을 유지하며 자신감 있는 목소리로 고객의 관심사를 파악하는 단계이다.

이 단계에서는 회사와 자기 소개를 하며, 섣부르게 만남의 목적을 비춰서는 안 된다. 방문의 표준 화법과 정확한 상품 지식을 갖추고 있어야 하며 고객이 쉽게 대답할 수 있는 닫힌 대화에서 차츰 열린 대화로 이끌어 간다.

2. 신뢰 조성 단계

이 단계에서는 고객 대화 1, 2, 3 화법을 사용하여 적극적인 경청과 칭찬을 하며 고객과의 안정 심리에서 우위를 확보할 수 있어야 한다.

판매를 위한 많은 고객의 정보를 획득하는 단계로서 교육에 대한 자녀의 관심도, 자녀의 취미와 적성, 구매 시기, 경제권자, 결정권자, 경쟁사 거래 확인, 본인의 관심사, 건강 습관, 가족 사항, 운동 습관, 기타 사회 관심도에 대하여 파악하고 고객의 관심도에 맞는 정확한 정보를 제시할 수 있어야 한다.

3. 가치 설득 단계

고객의 수준과 요점을 명확히 하는 단계로서 판매의 확신과 상품의 필요성을 자극할 수 있어야 한다. 증거를 제시하며 상품의 효과와 자신에 대한 확신의 이미지를 심어 주며, 상품의 필요성과 가치 설득을 FAB 기법에 맞게 설명한다. 이때는 상품을 판매하는 것이 아니라 상품의 개념을 팔아야 한다. 시간량을 조절하고 결정권자를 확인하는 단계이다.

4. 거절 극복의 단계

거절이 나오지 않게 하는 것이 최고이지만, 거절이 항상 나올 수 있다는 생각을 가지고 있어야 한다. 유연하게 경청하고, 상대방의 의견을 적극적으로 수용하여 거절에 대한 원인을 분석한다.

또한 고객이 가격이나 부가가치에 대하여 시험해 보는 가짜 거절을 판독할 수 있어야 한다. 판매가 거절되었다 하더라도 고객을 적으로 만들지 마라. 인간적인 신뢰가 무너지면 다음의 거래도 무너지고 만다.

5. 클로징의 단계

클로징의 단계에서는 타이밍을 잘 포착해야 한다. 고객이 가격을 묻는다거나 부가 서비스에 대하여 질문을 할 때는 바로 계약이 이루어져야 하며, 이 단계에서 장황하게 설명을 하면 타이밍을 놓쳐 버리는 경우가 많다. 계약 시에 고객의 긴장을 유발시키는 말은 금지하며 자료를 통하여 상품의 선택에 대한 관심을 비교해 준다.

고객은 일단 계약이 이루어지면 자신의 선택에 대하여 불안해 하는 심리가 있다. 이때는 고객의 선택이 훌륭한 선택이었음을 칭찬을 통하여 안정시켜 주는 것도 프로 세일즈맨다운 행동이다.

6. 고객 관리 단계

이때는 고객과의 약속 사항에 대하여 꼼꼼하게 확인하여 인간적인 믿음과 신의를 지키는 노력을 보여야 한다.

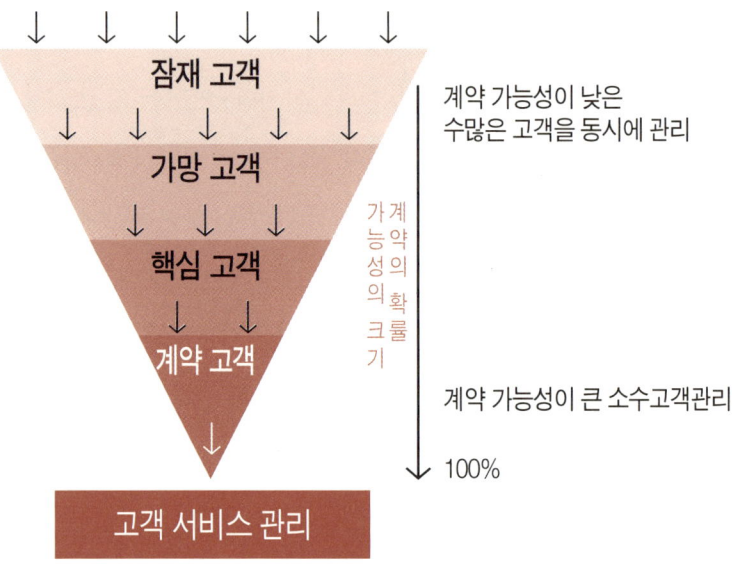

[시스템 영업은 깔때기 고객 관리 영업이다]

부지런한 접촉을 통하여 사용 방법, 정기 점검, AS 신청, 혜택의 설명, 진행 과정에 대하여 설명해 주며 인간적인 유대 관리를 통하여 고객의 정보를 관리하고, 그 정보를 통하여 재고객 창출을 위한 노력을 하여야 한다.

이러한 내용을 모두 종합하여 '시스템 영업 깔때기 고객 관리'를 다음과 같이 한 장의 그림으로 구조화할 수 있다.

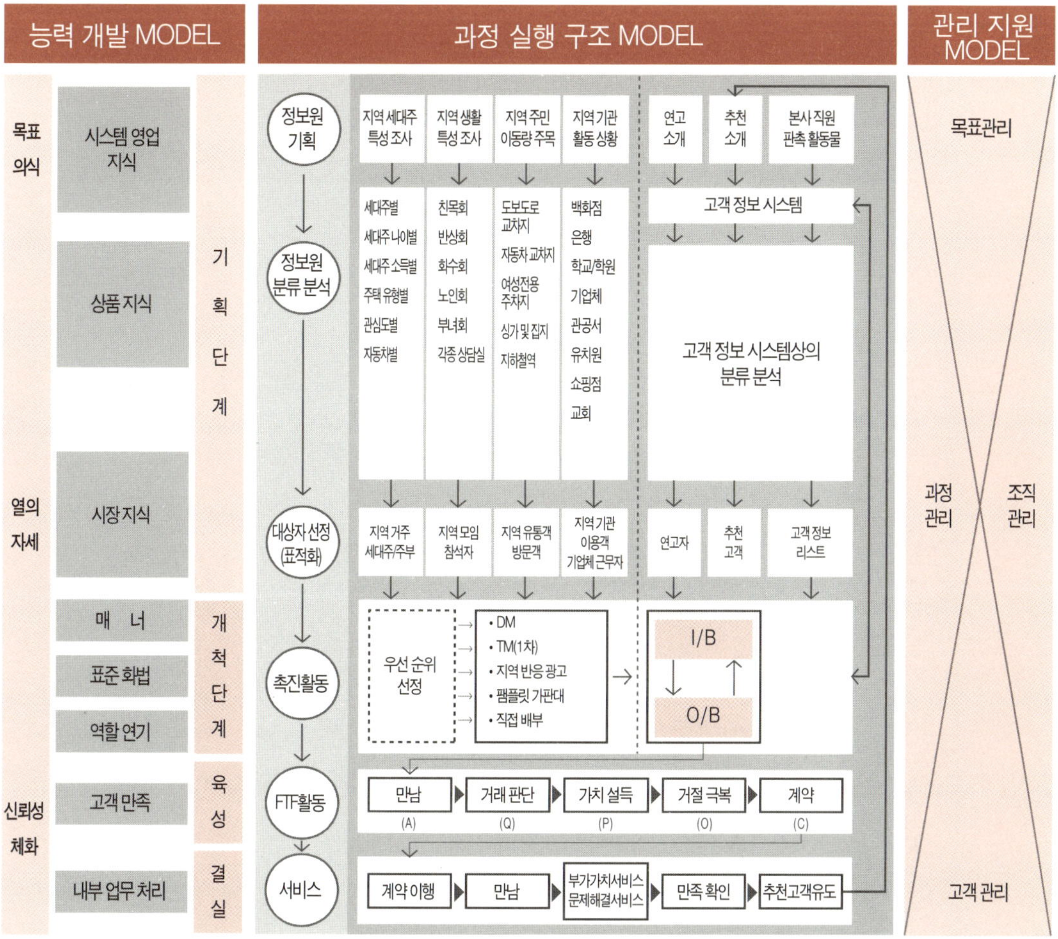

3. 충성 고객 만들기

상암 경기장에서 오페라 「투란도트」를 보았다. 「투란도트」는 페르시아 민담을 장예모 감독이 중국풍의 스토리 분위기로 각색한 오페라다. 우윳빛 피부의 얼음 공주 투란도트와 모험을 좋아하는 페르시아의 칼리프 왕자. 그는 투란도트 공주의 미모에 반해 청혼을 한다. 그러나 남성 혐오증이 있는 투란도트 공주는 세 가지의 수수께끼를 맞히면 결혼을 승낙하겠지만 그렇지 않으면 처형당할 것이라는 조건을 내건다. 나는 폐부 깊은 곳에서 터질 듯이 울려 나오는, 영혼을 가르는 화려한 오페라를 기대했다.

오페라는 원래 국립극장이나 장치가 화려한 대형 실내 극장에서 관람을 한다. 영화에서도 흔히 볼 수 있는 것처럼, 오페라를 관람하는 관객들의 옷차림은 정장의 수준을 넘어서 성장 차림이다. 그 옷차림에서도 단적으로 알 수 있듯이 관객의 매너와 수준이 오페라의 성공 여부를 판가름한다고 해도 과언이 아니다. 그런데 나의 기대와는 달리, 당시의 공연 환경은 오페라에 몰입하는 데 깊은 이질감을 느끼게 했다. 상암 경기장에서 열린 오페라는

CS Specialist

유혜선의 당당한 서비스

> 21세기의 기업 경영은 고객을 단순히 판매 대상으로 보지 않고 지속적인 관계를 구축해 나가는 데 목적을 두고 있다. 우량 고객으로는 부족하다. 이제는 평생 고객의 시대이다. 고객의 소리는 최고의 정보이다. 그래서 무관심한 고객이 기업측에서는 가장 무서운 고객이라 할 수 있다. 고객의 불만은 훌륭한 경영 자료이며, 고객에게 더 많은 것을 배울 수 있다.

관객의 수준과는 상관없이 주최측의 수준에 문제가 있었다.

상암 경기장 입구에 도착해서 안내원에게 예매처가 어디냐고 물었더니 남문 쪽으로 가라고 안내해 주었다. 도로의 신호등을 한참 돌아 남문으로 갔더니 내가 예매한 표의 교환처는 북문 쪽에 있다고 한다. 나침반을 그려 보면 알겠지만 큰 경기장의 남문과 북문은 극과 극이 아닌가?

다시 신호등을 한참 돌아 거의 뛰다시피 북문에 도달하니 교환처는 저만치 떨어져 있어서, 다시 돌아온 거리의 반만큼을 또 걸어가야 했다. 표를 교환하고 북문으로 들어가니 좌석은 또 반 바퀴를 돌아야 하는 곳에 있었다. 장소가 월드컵 경기장이라서 각오를 하고 편한 복장으로 갔지만, 큰 경기장을 한 바퀴 반 이상 거의 뛰다시피 하고 나니 등에서 땀이 다 났다. 오페라를 보겠다고 정장에 뾰족 구두까지 예의를 다 차리고 온 멋쟁이 숙녀가 얼마나 불편할까를 주최측은 생각이나 했을까? 큰 행사를 주관하는 주최측의 진행에 자못 화가 났다.

왜 예매 때부터 교환처에 대한 안내와 교부 방법을 자세하게 안내하지 못하고 당일 현장에서 이리 뛰고 저리 뛰게 만드는가? 그것도 우아하게 오페라를 감상하겠다고 온 관객들에게 말이다. 더욱이 상암 경기장의 크고 우람한 무대를 이용해 실내 공연보다 훨씬 더 화려하고 웅장한 무대를 연출한 컨셉트는 좋았으나, 고객 입장에서는 엄청난 추위와 고르지 못한 음향 때문에 공연에 몰입하기 힘들었다. 먼저 본 친구의 정보로 어깨 숄과 두툼한 방석을 가지고 갔지만 그런 정보 없이 그냥 온 고객들은 엄청나게 고생하는 것 같았다. 끈 달린 이브닝드레스나 턱시도 정장을 입고 관람하는 분위기의 오페라는 영 아니었다.

주최측의 일하는 방식에 분명히 문제가 있었다. 의욕과 아이디어가 좋아도 빛을 보지 못하고 사라지는 무수히 많은 상품들의 경우, '넘치는 의욕과 딸리는 실력'이 그 원인임을 자주 보게 된다. 서비스 마케팅을 연구하는 사람의 입장에서 보면, 고객에 대한 연구 없이 오직 의욕만 가지고 일을 하기 때문에 이 같은 상품이 생겨난다. 결론적으로 말해서 다음에 또 이런 공연을 한다면 절대로 오지 않는다. 「투란도트」 오페라는 영화로 보든지 전문 극장에서 보아야겠다는 다짐까지 하게 된다.

고정 관념과 상식을 뛰어넘는 아이디어를 생각해 냈다면 그 이면의 모든 문제점들을 고객의 입장에서 충분히 연구해야 했다. 이 공연을 기획했던 관계자들에게 방청석에 앉아서 한 번 관람을 해 보라고 권하고 싶다. 엄청난 비용을 들인 무대는 단순히 번쩍번쩍 빛나는 네온사인일 뿐이었다. 망원경을 가지고 갔지만 주연 여배우의 감성 깊은 표정 연기를 한 번도 제대로 볼 수가 없었다. 지독한 추위와 불편한 관람석 때문이었다. 이런 점에서 프로와 아마추어의 차이를 느낄 수 있다.

오늘날 고객 만족의 화두는 한 번의 고객을 평생 같이하는 충성 고객으로 만드는 것이다. 여러 가지 업무 혁신과 프로세스의 개선이 이야기되고 있지만, 최종 목표는 결국 고객에게 제일 편한 방법을 제공하는 것이다. 그것은 '고객의 입장에서 얼마나 고민했는가?'의 문제와도 같다.

아직도 우리 주변에는 자기 입장에서 말하고 해석하고 일하는 사례가 많다. 일본의 CS가 훌륭하다고 하는 것은 철저하게 고객 입장에서 생각하는 정신 때문이다. 상점이 휴무를 할 때 우리나라에서는 '금일휴업'이라고 써 붙이지만, 일본은 '오늘 하루 쉬게 해 주셔서 고맙습니다'라고 써 붙인다.

우리나라의 한 기업인이 일본 연수 중에 일본의 고객 담당 이사에게 불만을 토로하는 고객 사례를 이야기하면서 이럴 경우에는 어떻게 응대를 해야 하냐고 질문했다. 대답은 너무 간단했다. "당신이 고객이라면 어떻게 해 주면 좋겠습니까?" 고객이 바라는 것, 그것이 바로 답인 것이다.

기업에서 고객 만족을 부르짖으면서 실천이 잘 되지 않는 이유는 아직도 완전히 고객의 입장에 서지 못하기 때문이다. 많은 이유가 있겠지만, 아무래도 비용의 문제가 가장 클 것이라고 생각한다. 각양각색의 고객을 만족시키기 위한 시스템을 갖추는 데 필요한 인원이나 경비는 생산성이나 효율성의 면에서 당연히 고려해야 할 큰 문제들이다.

한 명 한 명의 고객에게 맞는 완벽한 시스템을 구현할 수 없다면 평균치의 표준 프로세스라도 철저하게 고객의 입장에서 만들어 놓아야 한다. 하나의 상품이나 시스템을 이용하는 고객이 기대하는 것은 웬만하면 그 범위 내에 속한다. 고객이 기대하는 서비스의 표준, 그것이 상품의 품질이나 수준에 해당되는 것이다. 그 이상의 수준을 넘어서 생각지도 못한 서비스를 받았을 때 고객은 감동하게 되고, 표준치의 기대를 채워 주지 못하면 고객은 불만을 갖게 된다.

고객은 기업이 생각하는 것만큼 그렇게 쉽게 한 곳에 묶여 있지 않는다. 하나의 제품과 비교·평가할 수 있는 대상이 얼마나 많은가? 그래서 고객을 감동시키기가 더욱 힘든 것이다. 이때문에 고객 중심으로 모든 업무의 프로세스를 맞춰 놓는 기업만이 앞으로 평생의 기업으로 살아남을 것이라고 본다.

고객의 소리는 최고의 정보다. 고객의 불만은 훌륭한 경영 자료인 셈이다. 불평하는 고객이 초일류 기업을 만든다. 1명의 고객을 잃으면 300명의 잠재 고객을 잃는다. 사람들은 심리적으로 나쁜 경험을 오래 기억한다. 1명이 평균 12명 정도에게 이야기하고, 12명은 평균 6명 정도에게, 6명은 평균 3명 정도에게 전하는 부정적인 소문의 악순환이 반복된다.

반면에 만족한 고객은 평균 3명 정도에게 자신의 경험을 이야기한다. 기업측에서는 무관심한 고객이 가장 무서운 고객이라고 할 수 있다. 불평하는 100명의 고객 중에서 단지 4퍼센트만이 불평을 토로한다.

『먼저 돌아 눕지 마라』에서 장정빈은 고객이 행복한 기업이 성공한다고 했다.

고객 중심 표현으로 바꾼 것들

항목	기업 중심 용어	고객 중심 용어	비 고
1	현금 자동 지급기	현금 자동 인출기	은행
2	지급 이자	받는 이자	은행
3	외환 매도율	(달러) 사실 때	은행
4	버스 정류장	버스 승강장	버스
5	표 파는 곳	표 사는 곳	버스
6	특별 보급 가격	특별 구입 가격	백화점
7	세금 징수	세금 납부	세무서
8	무엇을 드릴까요?	무엇을 드시겠습니까?	식당
9	신차 발표회	신차 관람회	자동차

장정빈의 『먼저 돌아눕지 마라』 중에서

4. 보유 능력과 발휘 능력

사람의 머리에서 가슴까지의 거리는 18인치(약 45센티미터)이며, 또 가슴에서 팔까지의 거리도 18인치이다. 그런데 이 18인치의 거리가 세상에서 가장 먼 거리라고 한다. 머리에서 개념적으로 생각한 것이 가슴으로 전해지고 가슴의 동의를 얻어 머릿속의 개념과 가슴속의 하고자 하는 마음이 하나로 되는 것이 무척이나 어렵다는 뜻이다. 나아가 가슴의 이야기가 손과 말로 전해져서 실질적인 행동으로 표출이 되기까지의 시간도 무척이나 오래 걸린다.

우리가 서비스를 어렵다고 생각하는 것은 바로 이 마음에서 실행 사이의 거리가 너무 멀기 때문이다. 몰라서 안 하는 것이 아니라 알면서도 실천하지 못하는 것이다. 그것은 보유 능력과 발휘 능력이 서로 다르기 때문이다. 예전에는 사람을 평가하거나 인재를 선발할 때 대체로 보유 능력만 중요시하고 발휘 능력에 대해서는 생각을 하지 않았지만, 요즘에는 고객 중심 경영을 하는 일반 대기업의 임직원뿐 아니라 정부 부처 장관들도 그들의 발휘

> 미소는 자신의 얼굴에 혼을 담아 내는 것과 같다. 미소는 상대방의 가치를 높이면서 동시에 자신의 가치를 높이는 효과가 있다. 미소 짓지 못할 만큼 가난한 사람 없으며, 미소 안 지어도 될 만큼 부자는 없다.

능력에 대하여 평가를 받는다고 한다.

사람의 능력에는 필요할 때 효과적으로 발휘해 성과로 바로 연결되는 능력이 있는가 하면, 내면에 담겨 있어 쉽게 발휘되지 않는 능력도 있음을 알아야 한다. 또한 한 번의 평가로 모든 것을 판단하는 것도 금물이다. 그렇지만 여러 번 계속되는 누적 평가에 의한 결과는 결코 무시할 수 없다. 지속적으로 최상의 평가를 받거나 최하위의 평가를 받으면, 무언가를 결정해야 하는 상황이 왔을 때는 그러한 수치가 결정적인 자료가 될 수 있기 때문이다.

기존에는 사람의 능력을 IQ 즉 지능지수 한 가지로만 평가했고 그 결과를 최우선으로 삼았다. 하지만 오늘날 산업과 경제의 발달에 따라 사람들의 능력은 다양하게 표현되고 발휘되기도 한다. 사람들이 보유한 능력과 발휘하는 능력을 수치화한 것에는 IQ 이외에도 여러 가지 종류가 있다. 고객 만족에 대한 연구 차원에서 최근 가장 잘 알려진 것부터 하나씩 정리해 보자.

IQ · · · · · · Intelligent Quotient 지능 지수뿐 아니라 아이디어와 창의력 지수로서 자유로운 사고를 할 수 있는 지적 유연성을 말한다.

EQ · · · · · · Emotional Quotient 감성 지수로서 사회성 지수라고도 한다. 자신과 타인의 감정을 이해하여 삶을 풍요롭게 통제할 줄 아는 능력을 의미한다.

MQ · · · · · · Moral Quotient 도덕 지수를 말한다.

PQ · · · · · · Personality Quotient 열정 지수, 인간성 지수이다.

CQ · · · · · · Change Quotient 변화 지수. 변화하는 주변 환경에 얼마나 잘 적응하는 능력이다.

BQ · · · · · · Biology Quotient 신체 지수. 바이오리듬에 의한 컨디션 지수를 말한다.

DQ · · · · · · Development Quotient 신체 발달 지수. 신체 각 부위의 고른 발달 상태를 말한다.

DQ · · · · · · Digital Quotient 디지털 지수. 디지털에 대한 이해력을 말한다. 단순히 컴퓨터를 잘 다루는 것이 아니라 정보 기술 체계에 대한 전반적인 이해력이다.

CS Specialist
유혜선의 당당한 서비스

GQ ······ **Global Quotient** 글로벌 지수. 세계인으로서의 양식과 올바른 가치관을 가지는 것을 말한다. 지구촌 시대에 한국인임과 동시에 세계인임을 분명히 아는 것이다.

FQ ······ **Financial Quotient** 경제 지수. 돈을 관리할 수 있는 능력을 말한다. 현실을 직시하여 미래를 준비하고 경제 원리를 이해하는 능력이다.

OQ ······ **Overcome Quotient** 극복 지수. 스탠포드 대학의 밀러 교수는 우리나라 학생들이 한국의 엄마인 '리모콘 맘마'에 의해서 모든 것을 다 처리하기 때문에 어려운 문제를 참고 기다리는 인내심과 스스로 문제를 극복하고 해결하는 능력, 즉 극복 지수가 낮다고 했다.

AQ ······ **Adversity Quotient** 역경 지수. 어려운 상황을 극복해 나가는 능력을 말한다. 리더십 역량을 통하여 기업을 경영하면서 부딪히는 역경을 어떻게 극복해 나가느냐가 최고 경영자의 중요한 자질로 꼽힌다.

SQ ······ **Service Quotient** 봉사 지수. 섬김 지수를 말한다.

HQ ······ **Humors Quotient** 유머 지수. 상대방을 유쾌하고 즐겁게 하는 능력을 말한다.

Sexual Quotient 성 지수. 자신의 성 능력을 체크해 보는 지수로서 성생활의 질과 만족도에 대한 지수라고 한다. SQ는 브라질 상파울루 의대 정신 의학 연구소 성기능 장애 클리닉의 카미타 압도 박사에 의하여 개발되었다.

위에 열거한 인간의 보유 능력 중 한두 가지 능력의 탁월함으로는 유능한 인재라고 할 수 없다. 언제 어디서나 시간과 공간을 달리하여 다양하게 발휘할 수 있는 능력을 가진 사람만이 이 시대의 유능한 인재인 것이다. 지난날 산업 사회를 움직이게 하는 능력이 자본과 IQ였다면, 오늘날 21세기를 움직이는 동력은 위의 모든 지수가 골고루 발휘되는 데에 있다.

학교 우등생이 사회 열등생이라는 말이 있다. 껄렁껄렁하게 잘 놀던 학생이 사회에 나와 사업을 잘해서 성공하는 경우도 많이 있다. 내가 아는 회사의 어떤 임원은 우리나라의 최고 명문대를 나왔다는 사실말고는 내세울 자랑거리가 없다. 그런데도 그 사람의 시선은 턱밑으로 내려올 줄을 모른다. 이 사람은 위의 지수 중에서 EQ, SQ, PQ가 낮은 사람이다. 그 사람은 보유 능력에 비하여 발휘되는 능력의 수치가 낮은 만큼 생명력이 짧을 것이라는 생각이 든다.

원래 평가를 하면 잔머리 뛰어난 사람들이 평가를 잘 받는 경향이 있다. 위의 모든 것을 통합적으로 잘하는 사람이다. 이 사람을 우리는 우스갯소리로 JQ(잔머리 지수)가 높다고 한다. 그런데 JQ가 높은 사람들은 서비스도 잘 한다. 그래서 잔머리 지수도 높일 필요가 있다.

CS Specialist
유혜선의 당당한 서비스

5. CO-WORK하라

"싸움을 잘하려면 어떻게 해야 해요?"

"즐겨야 해요."

"때리는 걸요?"

"아뇨. 쥐어 터지는 걸요."

영화 「약속」에서 전도연의 물음에 대한 박신양의 답변은 의외로 단순하다. 싸움을 잘하려면 싸움의 두려움을 즐겨야 한다는 것이다. 연애를 잘하려면 어떻게 해야 할까? 실연당하는 것을 두려워하지 말아야 한다. 발끝만 담그고 넣었다 뺐다 하면서 계산하면 무엇 하나 제대로 할 수 없다.

아이들이 좋아하는 사람이라면 누구에게나 사랑받기 마련이다. 꼬마가 나에게 장난감 총을 쏜다면 어떻게 해야 할까? "멋진 총을 가졌구나" 하고 다정하게 머리를 쓰다듬어 주는 것이 정답일까? 하지만 아이들은 결코 그런 사람을 좋아하지 않는다고 한다. 아이들이 좋아하는 사람은 "으악!" 하며 쓰러지는 사람이다.

CS Specialist
유혜선의 당당한 서비스

> 서비스 리더는 단순히 훌륭한 서비스를 전달하는 사람이 아니라 서비스 비전을 제시하고 서비스 문화를 형성해 나갈 수 있는, 강력한 서비스 바이러스를 양산하고 퍼트릴 수 있는 사람이다.

　우리의 삶은 서로 자기의 역할을 다 하면서 더불어 사는 것이다. 균형이 깨어질 때 갈등과 불협화음이 생긴다. 균형을 맞춰 가는 삶의 지혜, 그것은 결국 서로 다름을 인정하는 것이다. 서로 다르기 때문에 서로의 역할이 있다.

　한 여직원이 결혼을 했다. "결혼 생활하면서 직장 다니기가 얼마나 힘드냐?"라고 물었더니 생각보다는 힘들지 않다고 한다. 이유인즉 시부모님을 잘 활용한다고 한다. 김치를 담그거나 음식을 할 때 시어머니에게 "어머니, 저는 아무리 해도 어머니처럼 이 맛이 안나요"라고 하면 시어머니가 알아서 갖다 준다는 것이다. 시어머니도 신(新)사고를 가진 사람이라 용돈도 그냥 받지 않는다. 뒷방 늙은이가 받는 용돈이 아니라 김치 연구비 명목으로 받는다고 한다. 시어머니는 배추 김치에서부터 보쌈 김치, 석박지 김치, 치커리 김치 등 이름도 처음 들어보는 김치를 맛있게 담가 준다.

　그 여직원은 일이 있을 때마다 시어른들을 슬기롭게 이용한다. 말이 이용이지 아들, 며느리로부터 인정받는 부모님은 삶이 즐겁고 보람 있을 것이다.

고부간의 갈등을 무색하게 하는 얼마나 여우 같은 며느리이고 얼마나 멋있는 시어머니인가? 시어머니의 존재 가치를 세워 주면서 자신의 삶의 균형을 맞춰 가는 신세대 직장 여성의 지혜를 보는 것 같아서 너무 대견스러웠다.

시어머니에게 잔소리를 안 들으려고 식식대면서 집안일과 회사의 막중한 업무까지 하게 되면 슈퍼우먼이 아닌 이상 균형을 유지할 수가 없다. 다름을 인정하고 서로 Co-Work 해야 일과 삶의 질을 보장할 수 있다. 그래서 여우 같은 사람하고는 살아도 곰 같은 사람하고는 못산다는 말을 하나 보다. 복잡한 시대를 현명하게 살아가려면 곰의 우둔함보다는 여우의 센스가 필요하다.

강의를 하다 보면 가장 긴장이 되는 순간이 처음 강의를 시작할 때이다. 교육생들은 강사와의 첫 시선 교환을 통하여 강의가 들을 만한 것인지를 결정한다. 그때는 아무리 베테랑 강사라도 긴장이 된다. 그래서 강사는 첫 10~15분의 강의를 준비하는 데 큰 노력을 들인다. 대부분의 강사들은 유창하게 자기 소개를 하거나 강의의 목표나 목적에 대하여 유식한 이론이나 사례를 들지만, 밥 파이크Bob Pike 교수는 『밥 파이크의 창의적 교수법Creative Training Techniques Handbook』에서 "강의하려 하지 말고 참여시켜라"라고 주장하고 있다.

밥 파이크 교수는 이렇게 말한다. "강사로서 우리의 목적은 단지 상담하고 해석하고 지시를 내리거나, 또는 그들의 질문에 우리가 답을 가지고 있다고 믿게 하는 것이 아니다. 참가자들이 그들의 문제에 대한 답을 이끌어 낼 수 있는 적절한 행동 계획을 세울 수 있도록 세미나를 열고, 그들이 활용할 수 있는 도구와 과제, 사례 연구와 여러 자료를 제공하는 것이다. 내가 추천하는 방식은 강의를 최소한으로 하고 참여와 발견을 최대화하는 것이다."

영업을 할 때도 마찬가지다. 영업 실적이 좋은 베테랑 코디나 학습지 교사들과 동행해 보면 그들은 하나같이 고객들을 그들의 협력자로 만들어 놓고 있었다. 그들이 대화하는 것을 들어 보면 주로 고객의 이야기를 많이 들어주는 편이다. 마치 절친한 친구를 기다렸다는 듯이 반갑게 맞이하고, 그리고 그 동안 하지 못한 이야기를 재미있게 나눈다. 고객과 대화하는 것을 살펴보면, 대화의 맞장구가 참으로 적절하다. "어머나 세상에, 그래서요?" "어머 너무했다" "너무 좋았겠어요. 왜 그런 이야기를 이제 하세요?" 등 장단을 맞춰 주면서 끊임없이 대화가 오고간다. 그 대화 속에는 많은 정보가 들어 있었다. 그들은 그것을 머릿속에 기억했다가 그 집을 나오면 잊어버리지 않도록 재빠르게 아주 사소한 것까지 기록하고 있었다.

반면 신입들과 동행해 보면 아예 이야기를 꺼내지도 못하고 썰렁한 긴장감 속에서 후딱 일을 처리하고 나오거나, 고객과 대화를 즐겨야 한다는 것이 마치 엄청난 이야기를 해야 하는 것처럼 중압감 때문에 자기 혼자 많은 이야기를 한다. 고객에게 이야기할 시간적 여유를 주지도 않은 채 말이다.

이 세상에는 천차만별의 사람들이 집단이나 무리를 이루고 산다. 성공하는 사람들은 주변 사람들을 잘 활용하면서 더불어 살아가고 있고, 성공하지 못하는 사람들은 작고 밀폐된 자기만의 공간에서만 살아가는 것 같다. 성공하는 사람들은 결코 자기 혼자만 잘나서 성공하는 것이 아니다. 서로의 다름을 인정하고 이해하면서, 함께 생각을 나눌 수 있는 사람은 결국 그들의 협력 덕분에 성공할 수 있다. 분명한 것은 서로의 다름을 인정하려면 그만한 여유가 있어야 하는데, 대부분의 사람들은 그러한 유연함과 여유가 없다. 여유는 사람의 그릇만큼 담을 수 있는 것이다.

6. 작은 습관의 힘

나는 이 책을 쓰면서 내 인생의 전반부인 20년의 직장 생활을 정리하며 과거로부터의 흥미진진한 여행을 즐기고 있다. 컴퓨터 속에 저장된 나의 일기들, 오래된 일기장, 그리고 회사 다이어리, 교육 매뉴얼, 강의안들이 매우 중요한 자료가 되는데, 날짜와 함께 기록된 몇 마디의 단어와 짧은 문구들이 생생하게 그 시절의 순간으로 필름을 되돌려 놓곤 한다.

기록을 하면 사고가 명쾌해지는 것을 느낀다. 그리고 기록을 해 두면 잊고 있어도 몇 가지의 단어를 통하여 그때의 생생한 기억을 되돌릴 수 있다. 자료 중에서 많은 도움이 되는 것은 NIE(Newspaper In Education) 교육 때 사용한 신문 스크랩들이다.

CS 강사 사관 학교라고 불릴 정도로 웅진에는 CS 강사가 많다. 현장과 밀접한 서비스 교육을 위하여 CS 강사를 인턴 강사로 채용을 한다. 6개월 동안 현장 실무 경험을 비롯하여 CS 강사로서 갖추어야 할 모든 교육을 완벽하게 시킨다. 그 중에서도 현장 출근 외에 매일 아침 빠지지 않고 실시하는

CS Specialist
유혜선의 당당한 서비스

인간은 언어적 동물이다. 언어는 혼을 담는 그릇이며 그 사람의 인격을 대변한다. 말의 내용도 중요하지만 말하는 사람의 태도가 신뢰감을 형성하는 데 더 중요한 역할을 한다. 사람이 어떤 언어를 사용하느냐는 곧 그 사람이 누구인가를 말해 준다. 말 한 마디를 들음으로써 그 사람의 교육 수준, 가치관, 직업, 개성 등을 엿볼 수 있다.

것이 NIE 교육이다. NIE 교육은 매일 아침 신문에서 CS와 관련된 기사 하나를 읽고 그 내용을 강의를 하듯이 동료들 앞에서 발표하는 것이다.

NIE 교육의 효과를 보면

1. 매일 신문을 통하여 사회 전반에 관한 시사적인 넓은 시야를 갖게 한다.
2. CS에 접목시켜서 이해하여 강의할 수 있는 능력을 기른다.
3. 매일 아침 발표를 통하여 조리 있게 요약 · 정리할 수 있는 능력을 기른다.
4. 동료 간의 새로운 정보와 자신의 생각을 서로 공유할 수 있는 기회가 된다.

이러한 기록이나 스크랩과 같은 작은 습관의 힘이 나의 큰 지적 재산이 되고 있다. 나만의 창의적인 재산은 훌륭한 제안이 되어 회사의 경비를 절약하거나, 업무 프로세스를 개선하는 데 많은 기여를 한다.

작고 사소한 메모를 통하여 성공한 대표적인 사람이 금호타이어의 윤생진 상무이다. 고졸의 생산부 출신으로서 금호그룹 기획실의 상무 이사로 발탁되기까지의 비결은 메모하는 습관의 힘에 있다고 한다. 그는 타이어에 관해서는 어느 박사보다도 더 많은 지식을 가지고 있다. 타이어 생산 공장 라인을 단순화시키는 아이디어를 내어 연간 2만 개의 타이어를 더 생산할 수 있게 되었다고 한다.

그는 항상 호주머니에 쪽지를 넣어 가지고 다니며 그때그때 생각난 것을 메모해 끊임없이 아이디어를 제안했다고 한다. 16년간 현장에 있으면서 20만 건이 넘는 아이디어를 제출하여 제안 분야에서 기네스북에 오를 만한 기록을 보유하고 있으며 '움직이는 아이디어 뱅크'로 통한다.

1983년 한국 최고의 품질 관리 전문가와 한국 최고의 개선 제안 전문가로 선정돼 석탑 산업 훈장을 받은 것으로 시작해, 1991년 한국 방송 공사의 무역 역군상, 1993년 대통령 최우수상과 품질 명장 등 모두 50여 개의 상을 휩쓸었다.

쉽게 이루고 쉽게 포기하는 요즘 시대에 경종을 울리는 신화 같은 존재인 김규환 명장은 무서울 정도의 반복적 습관을 가진 사람이다. 다섯 개의 계열사를 돌며 교육 담당을 할 당시, 계열사를 옮길 때마다 강의 요청을 하여 친해진 강사 중의 한 사람이다. 그가 어려운 환경 속에서도 중·고등학교와 국립 창원 기능 대학까지 공부를 마치고, 다섯 개의 외국어를 습득할 수 있었던 요인은 끊임없는 메모와 기록의 습관에 있었다.

교육학에서는 읽기Read만으로는 10퍼센트의 지식을 습득하지만, 말하고 쓰면Speak & Write 50퍼센트 이상 습득이 가능하다고 한다. 그리고 같은 내용을 6번 이상 반복하면 절대로 잊어버리지 않는다고 한다. 김명장은 이 같은 원리를 실천했는데, 외국어를 공부하기 위하여 매일 한 문장을 10장씩 복사하여 눈길 닿는 곳마다 붙여 놓고 외웠다고 한다. 그는 영어, 독일어, 스페인어, 중국어, 일본어 5개 외국어를 구사하고, 판소리 춘향가를 완창할 수 있을 때까지 테이프를 수백 번 반복하여 들었다. 배우고자 하는 열의와 이루고자 하는 목표에 도달하기까지 반복적으로 기록하고 학습하는 습관들이 그에게 성공의 결과를 가져다준 것이다.

코오롱 석유화학의 배영호 사장은 '메모광'으로 유명하다. 평직원 때부터 꼼꼼하게 써 온 손때 묻은 다이어리에는 그의 사업 철학과 성공 비결이 빠짐없이 담겨 있다. 달력엔 이발한 날짜에서부터 가족들의 생일까지, 그리고 모임 때 부를 노래 제목까지 꼼꼼하게 기록되어 있다. 그는 자기 관리를 위한 메모를 철두철미하게 하는 것이 작고 사소하지만 특별한 성공의 비결이라고 했다.

배영호 사장이 말하는 메모광이 되려면

1. 메모 수첩을 손에서 떼지 마라. 언제 어디서든지 작소 사소한 것까지 기록하라.
2. 하찮고 사소한 것을 챙겨 주면 믿음과 신뢰가 생긴다.
3. 활동 관리, 자기 관리를 메모 일정의 스케줄 관리를 통하여 체계적으로 하라.

고객 접점에서 고객을 만나거나 세일즈를 할 때도 마찬가지이다. 고객에 관한 작고 사소한 메모들이 나중에는 이야깃거리가 되어 고객과의 관계를 지속시켜 주는 훌륭한 자료가 된다. 한 번 만나고 계약을 체결할 수 있다고 생각하는 것은 아마추어적인 성급한 생각이다. 꾸준한 만남의 과정 속에서 고객의 니즈를 예리하게 파악하고, 파악된 니즈에 정확한 정보를 제시하여 고객을 만족시켜 계약을 성사해야 한다.

영업을 잘하는 판매왕들의 고객 관리 카드를 보면 고객의 작고 사소한 습관이나 특징들이 상세하게 기록이 되어 있다. 하루에도 수많은 고객을 만나야 하기 때문에 이렇게 기록을 해 놓지 않으면 다른 고객과 차별화하여 응대할 수 없다는 이유가 있기도 하지만, 그것은 그 자체로도 그들에게는 고객과 자신을 연결하는 끈이자, 소중한 재산이다.

영업 분야에서뿐 아니라 자기 업무에서 괄목할 만한 성과나 기록을 세우는 성공하는 사람들의 뒤에는 훌륭한 개인 비서인 메모 수첩이 반드시 따라다닌다. 메모를 하다 보면 생각의 흐름이 하나의 줄기가 되어 체계적인 사고를 하는데 많은 도움이 된다. 그래서 훌륭한 아이디어들은 갑자기 떠오르는 것이 아니라, 체계적으로 습관화된 작은 힘들이 모여서 이루어진다고 한다.

아이디어를 얻기 위한 두 가지 방법이 있다. 하나는 엄격한 정신 훈련이고, 또 하나는 억제되지 않은 정신의 느낌을 사소하게 기록하는 것이다. 머리를 느슨하게 하고 즉흥적으로 생각하고 자유롭게 연상하며 다양하게 접근하는 것이다.

다음은 어느 광고기획사 카피라이터에게 배운 연상 기법인데, 아이디어가 막혀서 답답함을 느낄 때 자주 사용하는 도구이다. 여기서 '그것'은 일상의 어떤 것이라도 지칭할 수 있다. 원래는 201가지로 구성되어 있는데, 그 중에서 평소에 내가 자주 이용했던 문장 몇 가지만 소개한다.

유혜선의 당당한 서비스

1. 그것을 뒤집어보라.
2. 그것의 색깔을 바꾸어라.
3. 그것을 움츠려보라.
4. 그것을 좀더 크게 만들어라.
5. 그것을 매혹적으로 만들어라.
6. 새로운 용도를 발견하라.
7. 다른 환경을 이용하라.
8. 향기를 덧붙여라.
9. 돈내기 경쟁을 시켜라.
10. 그것을 좀더 짧게 만들어라.
11. 그것을 눈에 보이게 하라.
12. 주위 환경을 최대한으로 이용하라.
13. 그것을 낭만적으로 만들어라.
14. 그것의 날카롭게 하라.
15. 가사와 악보를 결합시켜라.
16. 가사와 악보와 그림을 결합시켜라.
17. 그림과 악보를 결합시켜라.
18. 다른 재료를 사용해 보라.
19. 인간적인 관심을 덧붙여라.
20. 다른 용기에 넣어 보라.
21. 반복을 이용하라.
22. 그것을 3차원으로 만들어라.
23. 간결하게 줄여 보라.
24. 모양을 바꾸라.
25. 일부를 바꾸라
26. 그것을 한 세트로 만들어라
27. 극한 상황까지 가 보라.
28. 그것을 예약에 의해 판매하라.
29. 그것을 그림으로 표현해 보라.
30. 그것을 기계화시켜라.
31. 그것을 충전시켜라.
32. 그것을 움직이게 만들어라.
33. 어린이에게 어필하도록 만들어라.

IV
Service

조직은
유기체다

조직은 마치 아메바와 같이 유리한 모양으로 형상을 만들어 가는 유기체 같다. 신속하게 변하는 기업만이 살아남는다는 의미에서 '카멜레온 컴퍼니'라는 개념이 유행하며, 톰 피터스는 현대 사회가 마치 유행에 따라 정보, 지식, 기술, 라이프스타일이 변한다고 하여 '패션화'라고 표현했다.

CS Specialist_규혜션의 당당한 서비스

1. 조직은 유기체다

2. 21세기 생산 방식

3. 원칙과 시스템

4. 리더십의 새로운 가치에 대하여

5. 결과를 보여줘 봐

6. 시스템 사고

7. 시장 지향적 기업 교육

1. 조직은 유기체다

농경 사회의 근면·성실하고 인내심이 강한 사람을 '그린칼라'green collar라고 한다면 산업 사회를 이끌어 온 기능직 기술자들을 '블루칼라'blue collar라고 한다. 손발을 통한 노동력 대신에 학식과 지식을 갖춘 인재를 '화이트칼라'white collar라고 하는데, 은행이나 공무원들 또는 사무직에 종사하는 사람들이 이런 대표적인 화이트칼라로 인정받았다. 오늘날 화이트칼라 중에서도 학식과 학벌을 뛰어넘어 자기 분야에서 독특한 창의력을 발휘하는 사람을 '골드칼라'gold collar라고 하며, 그 중에서도 여성을 '핑크칼라' pink collar라고 한다.

나는 대학 졸업과 동시에 웅진그룹에 입사를 했다. 지방 대학 출신인 나로서는 과에서 가장 먼저 서울의 회사에 입사를 했다는 것이 우리학과 동기들 사이에 부러움의 대상이었다. 당시 나와 같이 회사에 입사한 동기 한 명이 시골에 있는 부모님들에게 입사 소식을 전하는 소리를 들었다. "엄마, 나 내근이야. 내근!" 그는 자랑이라도 하듯이 큰소리로 전화를 했다.

CS Specialist

유혜선의 당당한 서비스

> 우리가 매일 반복해서 행하는 것들을 모두 더하면 그것이 바로 우리 자신의 모습이다. 따라서 인간의 탁월함이라고 하는 것은 어느 한 순간의 행동이 아니고, 반복되는 습관으로 나타난다.
> – 아리스토텔레스

　당시에는 주로 외판원이나 현장에 나가서 하는 일이 많았기 때문에 아무래도 책상에 앉아서 근무하는 와이셔츠 차림의 깨끗한 사무직이 인기가 있었다. 그래서 당시에는 화이트칼라로서 은행이나 사무직에 취직을 하면 큰 자랑이었다. 지방 대학이기는 하지만 그래도 나로서는 검정색 배지의 법대생이었고, 교내 카니발 때에는 단과대 퀸으로 뽑힐 정도로 자부심이 있었지만, 사회에 나와서는 어린 직장 선배들 밑에서 책상 닦으며 냉혹한 신입 사원 시절을 보내야 했다. 그럴 때마다 나는 '내용으로 승부한다.'라는 당찬 각오를 했다.

　한 단계씩 차츰차츰 성장하면서 20년 동안 조직 생활을 했다. 교육 담당을 하면서 이것이 앞으로 나의 평생의 직업이 되리라는 확신을 가지고 열심히 현장 실무로 20년을 보냈다. 교육 담당 과장으로서 일선 판매 현장의 지국장을 경험했고, 서비스 현장인 지점에서 남자 기사들과 함께 지점장 생활을 경험했다. 사무국과 판매 사업국의 엄연한 구분이 있던 시절에, 판매 회사에서 현장을 경험하지 않고서는 더 높은 직위에 올라갈 수 없다는 통례에 의해서 판매 현장을 마다하지 않고 열심히 돌아다녔다.

찰스 다윈Charles Darwin은, 어떤 종(種)이 환경에 잘 적응하여 생존한 것은 그들이 그런 본능을 특별히 타고 났거나 개발해 냈기 때문이 아니라, 모든 살아 있는 유기체들을 성장하고 발전하게 만드는 하나의 보편적인 법칙, 즉 '번식하라, 변화하라, 그리고 강자는 살고 약자는 죽게 하라.'가 만들어 낸 조그만 결과라고 말했다.

조직은 마치 아메바와 같이 유리한 모양으로 형상을 만들어 가는 유기체와 같다. '카멜레온 컴퍼니'는 신속하게 변하는 기업만이 살아남는다는 오늘날의 기업 환경을 잘 나타내고 있다. 톰 피터스는 현대 사회가 마치 유행에 따라 정보, 지식, 기술, 라이프스타일이 변한다고 하여 '패션화'라고 표현했다. 조직 속의 사람은 용기 속의 물과 같다. 사람에게 어떤 그릇을 만들어 주느냐에 따라 그 사람의 수준과 질이 달라진다.

교육 담당자로서 파워 있는 교육 진행과 강의가 가능했던 것은 유기체 모양의 조직을 넘나들면서 몸으로 발로 실제 현장을 경험했다는 사실 때문이었다. 당시에는 그런 경험을 쌓아 가는 과정에서 스스로 포기해 버릴지도 모른다는 위기감과 암담함이 있었고, 주변에서 지켜보는 시선 또한 그렇게 편안하지만은 않았던 것 같다. 하지만 세월이 지나고 보니, 나의 케이스는 다른 동료들과 조직에 좋은 귀감이 되어 이제는 조직 내에서 한계와 경계를 무너뜨리는 데 큰 역할을 했다는 생각이 든다.

조직과 판매와 경영은 탁상이 아니라 현장에서 이루어지는 현실이다. 모든 답은 이론이 아니라 현장에 있다. 그래서 경영자는 MBWA(Management By wondering Around) 현장 속을 누비고 다니면서 관리해야 한다.

오늘날에는 조직의 경계가 무너지고 대대적인 프로세스 개선이 이루어지고 있다. 이러한 프로세스 개선의 성공 핵심은 무엇일까? 실패하는 사람은 아직도 프로세스 인식의 전환이 안 되는 사람들이다. 고학력이거나 과거의 화려한 성공의 경험이 있거나 이미 고위직에 굳어 있는 사람은 이러한 경계를 자유롭게 넘나들기가 힘들다. 과감하게 자신의 틀을 부수고 자신을 내던질 수 있는 용기가 부족하기 때문이다. 이것이 바로 변화이다. 기존의 편안한 기득권을 포기해야 하기 때문에 변화는 싫고 귀찮은 것이다.

예전에는 기존의 시스템 위에서 이처럼 변화를 싫어하는 몇 사람이 군림하기만 하고 고객 만족이나 고객 서비스는 현장에서 몸으로, 발로 뛰어야 하는 사람이 하면 되었다. 하지만 오늘날에는 고객이 이러한 프로세스를 뒤흔들고 있다. 기존의 부서 중심의 회사의 조직이 이제는 고객 중심의 업무 프로세스로 바뀌고 있다. 고객 만족 서비스 운동이 위아래 앞뒤 할 것 없이 모든 업무 프로세스 현장에서 이루어져야만 경쟁력을 가질 수 있기 때문에 시대적 요구에 의한 조직의 형태를 유연하게 가지지 않을 수 없다.

아무리 이론이나 강의를 그럴싸하게 잘해도 소용없다. "너 팔아 봤냐?", "그래, 나 팔아 봤다. 팔아 보니까 이렇더라"라고 하는 현실적인 잣대와 기준을 내세울 수 있어야 한다. 그래야만 설득력이 있고 힘이 있다. 속된 말로 먹히는 것이다. 팔아 본 사람은 상대방의 눈을 바라보면서 고객의 마음을 사로잡는 법을 안다. 설명 자체가 굉장히 설득력이 있고 현장감이 있다. 이론식 강의나 훈수 두는 식의 강의는 교육생들이 금방 알아차린다.

그래서 요즘 조직에서는 현장 체험이나 순환 근무제라는 형식으로 다양한 조직을 경험하게 하고 있다. 또한 책상이 아닌 현장에서 타부서의 애로 사항을 깨닫게 해 주는 현장 연수가 조직원들의 커뮤니케이션 활성화에 큰 도움이 되고 있다. 현장 체험은 판매의 경험, AS 근무, 조립 공정 참가, 해외 생산지 연수, 외부 체험 등으로 직접 발로 뛰며 몸으로 느끼게 한다.

환경 가정 전문 기업인 웅진코웨이개발은 회사 내 조직원들 간의 이해를 돕기 위해 현장 체험을 실시하고 있다. 이 회사는 지점과 지국, 물류 센터나 포천 공장, 외부 체험 등 세 가지 부문으로 나눠 분기별 1회씩 현장 체험을 실시하고 있다. 대표 이사와 임직원들을 대상으로 고객 만족 마인드를 고취하기 위하여 Cody와 CS Dr. 1일 동행 CS 체험 교육을 실시한다. 알로에 원료 공급 업체인 남양알로에는 계열사 사장 등 임직원 50명을 러시아 연해주 크리스키노의 농장에 보내, 몽고 텐트를 쳐 놓고 야영 생활을 하며 농장일을 체험케 하는 이색 연수도 실시했다.

앞으로 5~10년 사이에 화이트칼라가 없어진다고 한다. 디지털의 혁명과 OA 시스템의 발전으로 인하여 컴퓨터가 많은 일을 대신하기 때문이다. 성능과 용량이 좋은 컴퓨터 한 대가 100명의 인원을 대신할 수 있다고 한다. 일본의 백화점에 있는 친절 도우미들이 2010년까지 모두 로봇으로 대체되며, 2030년까지는 이제까지의 직업의 50퍼센트가 다른 업종으로 바뀔 것이라고 한다.

이같이 불확실한 시대에는 자신을 잘 관리해 놓은 사람이 성공한다. 새로운 경영 환경의 시대에 맞는 핵심 역량을 스스로 갖추는 것이 중요하다. 오늘날의 기업은 다인간 관계(Muti-Human Relationship)를 가진 사람을 요구한다. 놀기도 잘하는 사람이 고객과 친하게 지내며 그 친화력이 기업의 매출로 이어진다. 즉, 긍정적이고 낙천적이며 열정적인 사람이 성공한다는 의미다.

새로운 21세기 기업 환경에는 T자형 지식을 가진 인재가 필요하다. 가로(―)의 지식은 일반적인 관리의 지식을 가진 사람Generalist이며, 세로(丨)의 지식을 가진 사람은 자신의 한 분야에 전문적인 지식을 가진 사람Specialist이다. 입체적 종합적 사고를 가진 T자형 인재를 육성하는 것이 대기업의 인재 개발 목표라고 한다. 과장 이하 사원 시절에는 일반 관리 업무General를 두루 경험하고, 과장 이상의 직위에서는 자신에게 잘 맞는 업무에 정착하여 자신의 전문 영역을 넓혀 가는 것이 바람직하다.

앞으로의 CEO는 자신의 전문 분야를 가지면서 일반 관리 업무를 두루 경험한 General- Specialist만이 가능하다고 한다. 자신의 전문 분야 없이 Generalist만으로는 절대로 CEO가 될 수 없다.

2. 21세기 생산 방식

GM(제너럴 모터스)의 CEO인 리처드 왜거너Richard Wagoner는 "세상에 존재하는 몇 안 되는 불변의 요소 중의 하나가 변화이고, 변화를 따라잡지 못하면 생존이 불가능하다"고 했다. 『꿀벌과 게릴라Leading the Revolution』에서 저자인 게리 하멜Gary Hamel은 "21세기 진보의 시대는 끝나고 혁명의 시대가 왔다"고 외친다.

오늘날 무수히 많은 기업들의 순위를 결정짓게 하는 힘은 수십억 달러에 달하는 연구 개발 예산으로부터 오는 기술적 우위가 아니라 바로 상상력이다. 21세기 경제에서는 'e'(electronic commerce)의 힘보다 'i'(innovation & imagination)의 힘이 성공 기업과 실패하는 기업을 구분하는 중요한 기준이 된다.

'i'의 힘에 의해서 만들어지는 새로운 세상에서 고객은 지금 혁명을 일으키고 있다. 'i' 시대 이전에는 고객에게 한 번만 제대로 하면 지속적으로 수익을 내고 물건을 사게 할 수 있었지만, 지금의 시대의 고객은 한 기업에 묶여 있기를 거부한다. 기존의 고객 만족이나 고객 감동의 수사적인 표현이나

CS Specialist
유혜선의 당당한 서비스

> 당신이 성취하고자 하는 바가 무엇인지를 분명히 모르고서는 당신의 부하들을 그 곳으로 인도할 수 없다. 조직의 존재 목적에 대한 분명한 공동 의식이 없이는 조화로운 팀워크 같은 것은 기대할 수 없다. 더군다나 자기가 가고 있는 곳이 어딘지도 모르는 지도자를 누가 따라가려 하겠는가?
> — 존 아데어, 『효과적인 팀 빌딩』

CRM의 마케팅 기법을 넘어 모든 산업에서 고객이 주도하고 있다. 고객이 칼자루를 쥐고 있는 것이다. 고객이 유통이나 디자인, 가격 구조, 상품과 서비스의 설계 방식과 배달 방식을 선택하고 있다. 이제 기업의 운명은 고객이 좌우한다.

패트리샤 세이볼드Patricia B. Seybold는 이것을 '고객 혁명'이라고 했다. 앞으로 완전하게 고객 중심으로 개편이 되지 않는 기업은 도태되고 말 것이다. 아무리 우리가 지금 고객 중심이라고 부르짖어도 아직까지는 모든 업무의 관행이나 프로세스가 회사 중심으로 되어 있었다. 고객 중심이라고 외치는 것은 고객 접점 직원들의 전화 멘트에서뿐이다. 프로세스를 완전히 바꾸어야 한다.

일본 후지큐 하일랜드 테마 파크는 불황의 시대에 대대적인 고객 만족 경영을 도입하여 성공한 기업으로 주목받고 있다. 나는 그곳을 방문해 그들의 교육 시스템과 고객 만족 활동에 대하여 설명을 들었다.

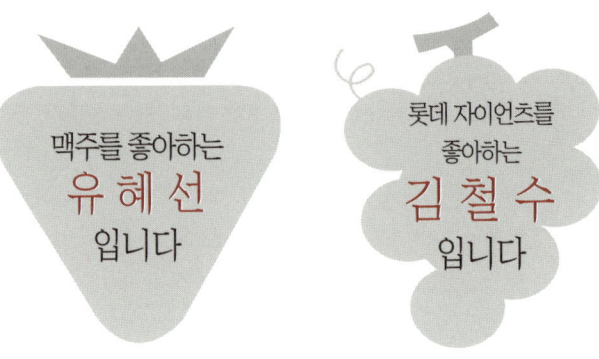

[후지큐 하일랜드의 고객 중심의 명찰]

"교육을 다 진행하려면 교육팀의 인원이 모두 몇 명이 필요하냐?"고 물었다. 그랬더니 교육팀 소속의 직원은 "몇 명 되지 않고 프로젝트별로 현장에서 선발이 되어 교육 프로그램을 짜고 교육을 받아 현장에 돌아가서 빠짐없이 실천될 수 있도록 시스템을 만든다"고 답했다. 부서나 팀이 획일적으로 정해져 있는 것이 아니라 일이 있을 때마다 우리나라의 태스크포스 팀처럼 모여서 일하고, 끝나면 자신의 업무로 돌아가는 유연한 부서 운영을 하고 있기 때문에 정확하게 교육팀 직원이 몇 명이라고 말하기 힘들다는 것이었다.

기존의 대량 생산, 몰개성의 시대가 오늘날에는 다품종, 소량 생산, 개성화의 시대로 변화하고 있다. 21세기에는 일하는 방식 자체가 변하지 않으면 고객의 요구를 맞출 수가 없다. 다품종이라는 것은 완벽한 전문성을 요구하며, 소량 생산은 상품의 고가에 상관없이 차별화되는 자신만의 개성을 요구하고 있다.

고객은 회사와 서비스의 과정은 중요하게 생각하지 않는다. 결과만 얻어 갈 뿐이다. 앞으로의 매출은 신규 고객의 창출이 아니라 '얼마나 고객이 그 기업에 충성심을 가지고 남아 있느냐'에 달려 있다. 충성 고객이 바로 그 기업의 기업 가치에 해당하는 것이다. 크레듀의 김영순 사장의 말에 의하면 이제는 1차 산업, 2차 산업, 3차 산업의 의미가 없어진다고 한다. 모든 산업은 디지털과 정보와 시스템으로 연결되어 통합적 산업의 구조로 존재할 수밖에 없다.

앞으로 기업의 고객 만족과 고객 서비스는 어느 기업이든지 전후방이 따로 없고 직위 고하가 따로 없다. 그런 의미에서 오늘날의 고객 만족 정책이 재조명되고 있는 것이다. 그리고 고객 만족 경영이 기업의 사활을 좌지우지하고 있는 중요한 이슈가 되고 있다. 모든 업무가 디지털과 OA의 혁명에 의하여 자동화되면 생산력과 업무의 효율화는 더 이상 거론할 필요가 없다. 이제는 시스템을 움직이는 조직원 한 사람 한 사람의 마인드가 중요한 문제인 것은 너무도 자명하다.

물질 문명과 기계가 발전하면 할수록 더욱 더 그리워지는 것이 인간이다. 인간미가 있는 매력적인 인간, 21세기는 결국 사람의 마음을 움직일 수 있는 매력적인 사람이 인재인 것이다. 기계는 편리함을 줄 수 있어도 매력을 주지는 못한다. 기계가 사람들에게 따뜻하게 웃어줄 수 있는가? 칭찬해 주고, 위로해 주고, 격려해 주고, 또 가슴 설레게 할 수 있는가? 친절과 서비스는 사람과 사람 사이의 가장 기본적인 예의이기 때문에, 이 같은 기본 매너가 없는 사람은 이 세상을 살아가기가 힘들게 될 것이다.

우리는 서로의 존재를 위하여 친절해야 하며 또 자신을 위해서 상대방을 배려해야 한다. 고객을 위한 서비스는 매력적인 만남과 만남을 이어 주는 윤활유같이 또는 빛과 소금과 같이 분명한 가치와 철학으로 존재할 수 있어야 한다.

3. 원칙과 시스템

국가 간의 미묘한 외교전을 『정치학 원론』에서는 견제와 균형Check and Balance이라고 한다. 힘의 외교에서는 자국의 우위와 이익을 지키기 위해서 주변국들과의 관심사와 외교 방향을 잘 견제해야 한다. 하지만 상생(相生)의 생존 원리를 유지하기 위해서는 서로의 조화와 균형을 친근감 있게 잘 유지할 수 있어야 한다.

이러한 공존 공생의 복잡 미묘한 이해 관계를, 웅진의 영업을 담당하는 사업국과 관리를 담당하는 사무국의 관계에서도 찾을 수 있다. 우리나라의 전형적인 판매 회사인 웅진은 사업국과 사무국이라는 독특한 이중 구조를 가지고 있다. 두 관계의 미묘함은 항상 견제와 균형의 관계처럼 보인다. 실적이 곧 인격이라는 공격적 판매 지향적인 회사 속에서도 원칙 준수와 공정하고 투명한 판매 정신을 가져야 하고, 또 판매를 저해하는 원칙과 관리의 관행은 철저하게 배제되어야 하기 때문이다.

판매와 관리의 중간의 위치를 생각해 본다. 모든 의미에 있어서 서로를

CS Specialist

유혜선의 당당한 서비스

> 많이 즐기지도 못하고 그렇다고 뼈아픈 고통도 겪어 보지 못한 가난한 영혼이 또 다른 가난한 자들과 겨루기보다는 실패하는 한이 있더라도 위험을 무릅쓰고 큰 것을 추구하여 빛나는 승리를 거두는 것이 훨씬 더 낫지 않겠는가!!!
> — 시어도어 루스벨트

완성해 주어야 함에도 불구하고 서로를 향한 화살이 너무 따갑기만 하다. 판매 회사로서 판매의 비중이 큰 것은 당연한 이치겠지만 실적 위주의 판매에서 파생되는 여러 가지 업무를 정리하고 관리하는 업무 또한 판매의 완성을 마무리하는 의미에서 결코 무시될 수 없다. 그 관계의 종속성이나 부차적인 성격에 대하여 논하기는 곤란하지만, 그 두 가지의 업무의 연관 관계는 상당히 큰 관점이 아닐 수 없다. 다분히 일원적인 것 같으면서도 이원적 체계를 유지하며, 이원적 체제인 것 같으면서도 어느덧 하나의 흐름이 되어 있는, 어렵고도 쉬운 것 같은 함수 관계가 있다. 이러한 업무가 서로 유기적인 연관 관계를 맺으면서 그 본연의 자리를 지키고 있다.

판매와 관리를 성격 면에서 비유하면 판매는 다분히 aggressive(공격적·성취적)인 반면, 관리는 authoritative(권위적·관료적)라고 할 수 있다. 그와 같은 성격은 물론 그 업무의 특성에서 연유된 것이라고 하겠지만, 오랜 관습에서 이어져 온 고정 관념이라 할 수 있다. 급변하는 변화의 시점에서 아무

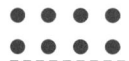

리 유연하고 고객 지향적인 사고를 가진다 하더라도 판매와 관리는 서로의 장점들이 서로 조화를 이루며 성장과 발전을 거듭하면서도 나름대로의 한계와 모순을 가지게 마련이다.

두 업무의 사이에는 고객이라는 큰 덩어리의 변수가 있다. 때로는 고객들이 기업에 아부해 오기도 하고 부추기기도 하지만, 때로는 너무도 적나라하게 기업을 조롱하고 비웃기도 한다. 이때 Aggressive와 Authoritative의 적절한 '견제와 균형'이 필요하다. 각 개인의 주관적인 입장에서 기준을 가져서는 안 된다. 누구나 긍정하는 객관적 기준의 설정하고 형식적인 절차상의 변수들을 모두 규정 지어 줄 수 있는 지침이 있어야 하고, 이것은 철저하게 고객의 입장에서 이해되어야 한다.

회사 내부적으로 어떠한 관계와 절차가 유기적으로 연관되어 있다 하더라도 고객에게 그것은 상관할 바가 아니다. 고객은 외부적으로 보여진 결과만 얻고 취할 뿐이다. 어느 한 사람의 특성과 개인의 성격에 따라 해석을 달리하지 않고, 꾸준한 흐름이 되어 하나의 줄기가 될 수 있는 좀더 과학적이고 객관적 기준의 제도적 장치가 필요하다. 이것은 데이터베이스와 컴퓨터의 활용에 의한 프로세스의 표준화이다. 프로세스의 표준화는 원칙을 지켜준다. 그리고 고객이 누려야 할 최소한의 서비스 품질을 보장해 준다.

한 공간에 살면서도 전혀 다른 세계를 살고 있는 오늘날 세대 간의 이질감. 상대방의 상식이 나에게는 비상식이 되기도 하고, 나의 합리성이 다른 사람에게는 비합리적인 부조화로 보이는 관계에서 원칙이라는 개념은 서로 다르게 비춰지기도 한다. 객관적인 프로세스의 표준화, 이것만이 원칙과 시스템을 하나의 공유 가치로 존재할 수 있게 한다. 원칙과 시스템은 고객에 대한 획일적인 서비스를 만들어, 차별화되고 경쟁력 있어야 할 고객 만족에 저해하는 것이라고 생각할 수도 있다.

판매가 없으면 관리도 없고 관리가 되지 않는 판매는 사상의 누각 같은 존재이다. 그래서 관리의 표준화를 통한 원칙과 시스템은 고객에 대한 최소한의 불성실한 서비스로부터 방어할 수 있도록 한다. 최소한의 기본적인 수준의 서비스는 보장되어야 하기 때문이다. 이러한 판매 관리의 경쟁력은 판매 회사의 서비스 경쟁력이 되기도 한다.

현장의 인적 자원에 의한 판매와 관리를 하는 서비스 마케팅의 회사가 대부분 이러한 관계의 문제에 봉착하고 있다. 원칙과 시스템에서 판매와 관리의 관계는 매우 주요한 고객 만족 경영의 포인트가 된다.

"Check and Balance!"

4. 리더십의 새로운 가치에 대하여

어느 날 갑자기 얼떨결에 리더가 되는 사람이 있고, 천신만고의 노력 끝에 리더의 위치에 오른 사람도 있다. 하지만 반대로 수많은 리더들이 리더십 문제로 인해 자신의 자리를 물려주거나 강제적으로 떠밀려 나기도 한다. '리더가 제대로 된 리더십을 발휘하느냐, 발휘하지 못하느냐' 하는 문제는 리더 개인의 문제를 넘어 조직의 문제, 나아가 국가 흥망의 문제로까지 연결되기 때문에 생각 이상으로 매우 중요하다.

잭 웰치Jack Welch는 "기업 경영에는 관리가 중요하다. 그러나 경쟁에서 이기려면 리더십이 필요하다"고 했다. 웨렌 배니스Warren Bennis 박사는 『리더가 되는 길On Becoming a Leader』에서 "관리자는 선택된 일은 올바르게 잘하는 사람이고, 리더는 올바른 일을 찾아서 하는 사람이다"라고 했다.

이 세상에는 리더십에 관한 이론이 대략 147개 정도가 된다고 한다. 그런데 새로운 시대적 환경의 변화에 따라 기존의 많은 리더십 이론이 재조명되고 있다. 기존 산업 사회를 지나온 과거의 리더십은 대부분 관리의 형태를

CS Specialist

유혜선의 당당한 서비스

> 아랫사람이 윗사람에게 신임을 받지 못하면 크게 될 수 없다. 윗사람에게 신임을 얻는 데는 길이 있으니 우선 주위의 벗들에게 신임을 얻어야 자신의 윗사람에게도 신임을 얻게 된다. 벗들에게 신임을 얻는 길은 부모에게 효도하는 것이다. 부모에게 효도하는 길은 우선 자기 자신이 성실하여야만이 가능하다. 성실하지 못하면 부모에게 순종할 수 없으며, 따라서 효도도 할 수 없다. 자신을 성실하게 하는 길은 선(善)을 행하는 것이다.
> ―『중용』

지니기 마련이다. 과거 대부분의 리더십은 기존 산업의 경향에 의하여 제조업적 관점과 특성에 맞게 제조, 생산, 유통, 소비자에 이르는 통제 위주의 일관된 리더십을 필요로 했다.

오늘날에는 대부분의 산업이 서비스를 통한 높은 부가가치를 생산하기 때문에 서비스업의 특성에 맞는 새로운 리더십이 필요하게 되었으며, 경제적·문화적 리더십과 상황에 맞는 상황 리더십으로 다양하게 발전하고 있다. 서비스 리더십이란 특별한 이론이기보다는 에버랜드라는 서비스 현장의 경험과 노하우가 이론화되고 체계화된 서비스 모듈이자 리더십 모듈이다.

요즘 자주 거론되는 리더십의 종류를 살펴보면, 하위자의 가치 체계와 신념 체계를 변화시킴으로서 조직이나 집단의 성과를 제고하는 변혁적 리더십, 부하 직원의 마음을 사로잡는 비전을 명확히 제시하고 더 나은 미래에 대한 생생한 이미지를 전달해 주는 카리스마 리더십, 부하가 잘될 수 있도록 섬김으로써 조직의 성과를 달성하는 서번트 리더십도 있다.

그 외에도 여성 인력의 활용과 여성만이 가지는 차별화된 친화력, 조정력, 갈등 해결력이 서번트 리더십과 연결되는 여성 리더십이 있으며, 창의력을 바탕으로 리더의 차별화된 경쟁력을 강조하는 브랜드 리더십, 불확실한 미래를 적극 대비하여 동반자 개념의 파트너십을 강조하는 사이드 리더십, 행동으로 지시하고 채널을 집중하여 가시적인 목표를 제시하는 파워 리더십, 권한 위임을 통해 업무를 명확히 하고 똑똑한 사람을 선발하여 인재를 육성하는 슈퍼 리더십 등이 있다.

리더십을 이야기하면서 과거 어느 정권, 어느 영웅도 해 내지 못했던 국민적 단합을 스포츠맨십을 통하여 완벽하게 이루어낸 지난 2002년 월드컵의 히딩크 리더십을 이야기하지 않을 수 없다. 열광하는 붉은 악마들, "오! 필승 코리아" 집단 액션의 마술, 파워 축구의 감독 거스 히딩크의 리더십.

똑같은 것을 가지고 어떻게 그렇게 다른 결과를 가져올 수 있었을까? 선수들을 보는 관점이 다르고 해석하는 포인트가 다르며, 그것을 풀어 가는 방법 또한 너무 다르기 때문에 히딩크의 리더십을 칭찬하지 않을 수 없다. 그는 6개월 동안 한국에 와서 성과에 연연하지 않고 우선 한국 선수들의 잠재력과 자질을 분석하는 데 집중하여 정확하게 문제점을 끄집어냈다.

무엇보다도 선진 축구를 부러워하고 갈망하는 우리 선수들이 보인 순수한 열정에 히딩크 감독이 매료됐다고 한다. 유럽의 선수들이라면 그렇게 순수하게 그를 따라주었을까? 그들은 각개의 클럽 활동을 통하여 즐기는 축구를 하며, 돈에만 관심이 있는 사람이다. 그들의 국가주의는 열정적이지 않다. 목숨 걸고 나라를 위해서 뛰는 애국심의 발로와는 차원이 다르다.

히딩크는 우선 우리 선수들의 잠재력을 개발하고 자신감을 고취시켜 주는 데 주력했다. 지지 않는 경기를 하는 것이 아니라 이길 수 있는 경기를 할 수 있도록 가치관과 자신감을 심어 준 것이다. 단순한 감독 지시형 축구가 아니라 선수들이 스스로 모든 상황을 판단하게 했다. 정통 방식의 훈련이 아니라 축구 그 자체를 즐기는 놀이식 훈련, 포지션별 자유 경쟁 체제, 멀티플레이형 축구 등을 추구하여 네덜란드의 오렌지 군단과 프랑스의 아트 사커, 독일의 토털 사커 등 유럽의 화려한 축구와 겨룰 수 있는 우리나라식의 한국형 파워 축구를 탄생시켰다.

또한 팀워크를 중요시하고 화려한 과거의 명성보다는 현재의 능력을 중요시하는 과감한 선수 선발로 안정환은 물론이고 신예 박지성, 김남일, 송종국과 같은 대 스타들을 발굴하여 세계에 빛을 보게 했다. 히딩크식 리더십을 최신 기업 경영에 도입하면 다음과 같다.

1. 성장 가능성이 있는 새로운 비즈니스 모델의 제시
2. 가치 창조에 의한 경쟁력 강화
3. 생각하는 경영
4. 과감한 발탁 인사의 신인사 제도 기법의 도입
5. 업무와 조직 간의 시스템적인 전략 등의 경영 기법

이 같은 히딩크식 경영은 벤치마킹의 대상으로 떠오르기도 했다.

축구하면 떠오르는 또 한 명의 사람이 있다. 세계적인 영웅 차범근 감독이다. 그를 그렇게 생매장하다시피 몰아낸 것은 우리나라 관료주의 근성과 조직 이권을 위한 헤게모니 쟁탈전 같은 조직 병폐이다. 우리나라 정치인을

국민들이 싫어하는 이유는 정치인만큼 권력 지향적이고 계층에 대한 우월감을 가지려고 하는 사람도 없기 때문이다. 스스로는 아무것도 하지 않으면서 권위와 권력으로 제도에 빌붙어서 온갖 혜택을 누리려고만 하는 권력 지향자들이다.

그들에 빗대 볼 때, 히딩크 식의 방법을 맹목적으로 영웅시하려는 것보다는 그의 맑은 사고의 스포츠 정신을 본받지 않을 수가 없는 것이다. 자기 분야에서 탁월하다는 것은 그 분야를 넘어 모든 면에서 존경과 사랑을 받아 마땅하다. 그의 리더십이 아니었다면, 우리나라 선수들은 서로 헐뜯기의 재물이 되거나 공 차는 육체적 노동자에 지나지 않았으리라는 생각이 든다.

그는 자신의 연인인 흑인 여성 엘리자베스에 대한 사랑과 유머 감각, 냉철한 카리스마와 유연한 대응 능력 등 윤활유 같은 리더십을 보여 준 사람이다. 그리고 획일화되고 고착된 우리의 사고 방식에 무한한 창의성과 유연성과 가능성을 가르쳐 주었다.

그는 온갖 찬사에도 흔들리지 않았다. "나를 영웅시하지 마라. 나는 단지 국가 대표팀 감독일 뿐"이라고 말할 정도였다. 기적 같은 4강 스페인전을 앞두고 오늘의 경기에 대한 각오를 말씀해 달라는 기자들의 요청에, 그는 너무도 여유 있게 "Enjoy tonight!"이라 말하며 윙크를 보냈다. 연예인보다도 더 멋있는 애드리브이다. 게임의 승부사이고 언어의 마술사이다. 그리고 그는 떠났다. "Say no good Bye, So long Again"이라는 말과 함께.

오늘날의 리더는 경기장에서 분위기를 끌어 가는 치어리더가 되어야 한다는 기사를 신문에서 본 적이 있다. 업무의 패턴과 일하는 방식이 달라지고 있는 오늘날의 리더십은 과거의 통제와 관리의 방식에서 탈피하여 일과 인생과 자유를 동시에 즐기는, 유연한 조직의 리더를 요구한다.

미래의 탁월한 비즈니스 리더십 모델을 찾고 있다면 사우스웨스트 항공사를 참고하라고 한다. 규모는 작지만 미국의 항공사 중 최고의 수익을 올리는 사우스웨스트 항공에는 상식을 뛰어넘는 CEO의 리더십이 존재한다. 그곳에는 엘비스 프레슬리 분장을 하고 직원들과 재미있게 춤을 추는 허브 캘러허Herb Kelleher 회장이 있다. 그는 관료주의를 멀리하고 대신 직원들과 허심탄회하게 어울리는 기업 문화를 직접 만들어 가는 모범적인 치어리더 같은 CEO인 것이다.

일이 곧 인생이고 인생이 곧 일이 되는 조직 분위기를 만들기 위해서 "리더는 멋있게 춤추는 치어리더가 되어야 한다"는 말에 오늘날 새로운 리더십의 가치를 부여하고 싶다.

5. 결과를 보여줘 봐

조직의 목표는 생존이고 기업의 환경은 전쟁이다. 고객으로부터 칭찬은 받지만 도태하는 기업이 많이 발생하고 있다. 성과와 연결되지 않는 고객 만족은 더 이상 필요하지 않다. 또한 모든 고객이 왕으로 대접받는 시대는 지났다. 기업의 이익에 기여하는 고객과 손실만 입히는 고객이 있을 뿐이다.

매년 연말이 되면 모든 기업들은 내년도 사업 계획서를 수립한다. 그런데 사업 계획서는 열심히 짜지만, 한 해를 지나고 보면 목표를 달성했다거나 뭔가 실천을 잘했다는 만족감이 들기보다는 자아 비판과 반성의 목소리가 더 크다. 회사가 요구하는 성과는 사업 계획서를 잘 짜는 것 못지 않게 그에 따른 실천이 중요함은 아무리 강조해도 지나치지 않다.

Performance 果 = 知 + 行이다. 사업 계획의 시즌에 맞춰볼 때 知를 Planning이라고 한다면 行은 Action이라고 할 수 있다. 그런데 이제 노하우 Know-How의 시대는 가고 런하우 Learn-How의 시대가 왔다. 오늘날에는 아는 것이 힘이 아니라 배우는 것이 힘이다. 엘빈 토플러 Alvin Toffler는 21세기의

CS Specialist
유혜선의 당당한 서비스

> 언젠가는 같이 없어질 동 시대의 사람들과 좀더 의미 있고 건강한 가치를 지키며 살다가 '별 너머의 먼지로' 돌아가는 것이 인간의 삶이라고 생각한다.
> — CEO 안철수의 『영혼이 있는 승부』 중에서

문맹은 문자를 읽지 못하고 쓰지 못하는 사람이 아니라 배우려 하지 않고 낡은 지식을 버리지 않으며 재학습하지 않는 사람이라고 했다. 여기서의 知는 Learning이라고 할 수 있으며 行은 Doing이라고 할 수 있다.

어릴 때 방학이 되면 방학 계획표를 열심히 세웠던 경험이 있을 것이다. 동그라미 하나를 크게 그려 놓고 몇 시에 일어나서, 몇 시부터 몇 시까지 놀고, 몇 시까지 공부하고 숙제하고, 몇 시에 TV 시청, 몇 시에 잠들기 등 예쁘게 색칠해 가면서 책상 앞에 착 붙여 놓는다. 그리고 그것이 끝이다. 마찬가지로 우리가 사업 계획서를 잘 짜 놓고 연말에 가서 반성하고 후회하는 것은 行의 부문인 실천의 방법에 있어서 소홀히 했기 때문이다.

실천이 따르지 않는 비전은 단순히 꿈에 불과하다. 실행이 곧 경쟁력이다. 아무리 많은 지식을 소유하고 있다 하더라도, 그것을 잘 실천하여 성과를 내는 것은 전혀 다른 문제이다. 실천(行)에 있어서 누구의 입장에서 실천하려 하는가를 따져볼 필요가 있다. 知의 단계에서는 KPI(핵심 성과 지표Key

Performance Indicator)나 각 등급에 의하여 평가자의 기준이 단계별로 철저하게 표기되어 있어야 한다. 실천의 부분에서 너무 애매하고 두루뭉술한데, 그 이유를 다음과 같이 세 가지로 생각해 볼 수 있다.

1. 계획서를 열심히 짠다는 것을 마치 자신은 그 부문을 잘 실천하고 있다고 착각한다는 것이다. 우리가 방학 계획표를 잘 짜 놓고 방학 끝날 때까지 실컷 노는 것과 같다.
2. 자기는 잘 짜기만 할 뿐 그것을 실행하는 주체는 내가 아니고 다른 누군가가 실행을 할 것이라고 생각한다는 것이다. 이것은 가장 큰 문제이다.
3. 설사 위의 두 가지 문제점을 다 극복했다 하더라도 중요한 나머지 한 가지 문제가 남는다. 철저하게 짠 사업 계획서에 비하여 실천을 위한 Action Plan이 너무도 두루뭉실하고 구체적이지 못하다는 것이다.

리더십을 이야기할 때 우리는 리더의 솔선수범에 대하여 이야기한다. 리더십의 큰 역할 중에 '모델되기Modeling'라는 역할이 있다. 직원들과 눈높이를 맞추면서 그들과 함께 대화하고 동화될 수 있어야 만족할 만한 결과를 만들어낼 수 있다는 것이다. GE의 잭 웰치는 '벽 없는Boundaryless 조직'을 강조하여 리더들은 내부 조직 상하의 관계에서나 외부의 아이디어들과 추진 사례에 대하여 개방적인 태도를 취하여야 한다고 주장했다.

그래서 요즘은 윗사람 노릇을 하기가 너무 힘들다고 한다. 젊었을 때는 상사 이삿짐까지 날라 주면서까지 충성을 다했는데 이제 나도 좀 대우를 받아볼까 했더니 성과급이다 연봉제다 구조 조정이다 하여 상사도 부하 직원에 의해 해고당할 수 있다는 두려움 속에서 아래 직원을 상사 모시듯이 해야 한다고 한다. 그 동안 성실하게 납부해 놓은 보험금이 무용지물이 된 것과 같은 기분이다. 기존의 조직을 조정 경기에 비유한다면 요즘의 경쟁은 마치

급류타기를 하는 것 같은 기업 환경 속에 있기 때문에 개인 한 사람 한 사람의 역량이 매우 중요시된다. 개인의 전문성과 역량에 의해서 조직의 역량이 평가되며, 그것이 바로 경쟁력이 된다.

어떠한 조직이라도 조직 구성원은 2 : 3 : 3 : 2의 법칙에 따라 구성되어 있다. 앞의 2그룹은 기업의 핵심 역량을 가진 핵심 인재다. 요즘 이러한 인재들을 조기에 발굴하여 차세대 리더로 육성을 하고 있는 기업들이 많다. GE은 "우리 회사가 자랑하는 가장 중요한 생산 제품은 세계 수준의 성과 관리 경영 시스템과 학습 프로그램으로 양성된 글로벌 비즈니스 리더들이다"라고 할 정도로 우수한 기업은 인재를 키우는 것에 많은 비용을 투자한다. 다음 3그룹은 조직의 팀장이나 본부장 그룹으로, 회사의 실질적인 핵심 역할을 하면서 언제든지 핵심 인재 그룹에 들어갈 수 있는 여지가 있는 우수한 사람들이다. 그 다음의 3그룹은 그저 그 자리에서 그만큼의 일을 하고 그만큼의 보수를 받다가 적당한 때가 되면 자연스럽게 퇴진하는, 성실하지만 능력이 없는 사람들이다.

나머지 2그룹은 언제든지 구조 조정이나 명퇴의 대상이 되는 집단으로서, 위기의 시기나 어려운 일에 직면했을 때 반대 카드를 들고 대항하기 쉬운, 위험 요소가 내재되어 있는 그룹이다. 회사 또는 각 리더들에게 이들을 어떻게 관심을 가지고 관리를 하느냐가 매우 중요한 일 중의 하나이다.

조직이 좋아하는 사람은 어떤 유형의 사람일까? 조직은 기질이 있는 사람, 성과가 있는 사람, 테크닉이 있는 사람, 고객이 좋아하는 사람을 좋아한다. 조직이 좋아하는 사람이 바로 그 조직의 핵심 인재라고 할 수 있으며, 그러한 사람이 조직이 원하는 결과를 내어줄 수 있는 사람이다.

6. 시스템 사고

인도와 싱가포르, 이 두 나라의 GNP는 무려 8배 가까이 차이가 난다. 국토 면적 316만 6414제곱킬로미터, 인구 10억이 넘는 인도는 GNP가 440달러이다. 하지만 인도의 조그만 귀퉁이에 불과한 싱가포르는 국토 면적 682.7제곱킬로미터, 인구 420만 정도밖에 되지 않으면서 GNP는 29000달러나 된다.

역사와 전통, 국토와 인구 자원 등 아무리 해도 비교가 되지 않는 두 나라의 극명한 차이는 무엇일까? 인도는 자기 땅 밑에 뭐가 있는지, 그리고 자기 옆 동네는 무슨 일이 일어나고 있는지 별로 관심이 없다. 관심이 있는 것은 오로지 신(神)뿐이다. 신만이 자신의 구세주요 영광이라고 생각한다. 인도어로 "안녕하세요"라는 말인 "라마스테"는 '모든 것은 신이 주신 인연이고 영광이다'는 의미일 정도로 오로지 하늘과 종교에만 관심이 있다. 반면에 싱가포르는 부족한 자원과 빈약한 산업 구조에도 불구하고 자신들이 이용할 수 있는 모든 주변의 지형적 조건과 자원들을 100퍼센트 활용하여 생산

CS Specialist
유혜선의 당당한 서비스

> 실천이 따르지 않는 비전은 단순한 꿈에 불과하다. 비전이 없는 실천은 단순히 시간을 허비하게 할 뿐이다. 세상을 변화시키는 것은 실천이 따르는 비전이다. — 조엘 바커의 비디오 「비전의 힘」

성과 가치를 높이고 있는 나라이다. 시스템 사고System Thinking가 철저하게 잘 되고 있는 나라다. 자원의 가동률과 회전율을 높이는 것, 즉 자신들에게 주어진 시스템을 충분히 활용하여 생산성의 가치를 극대화하는 것이 부유국이 되는 원동력이다.

좋은 여건을 가졌지만 높은 생산성을 내지 못하는 기업은 과거에 화려한 성공의 경험이 있는 경우가 많다. 주변의 시스템을 잘 활용하면 훨씬 더 좋은 결과를 낼 수 있지만, 이때까지 잘해 왔기 때문에 주변 사람들에게 크게 관여하지 않고 자기만 잘 하면 된다는 개인주의적인 생각에 빠져 있는 경우도 있다. 그러는 사이에 맨발로 목숨 걸고 쫓아오는 후발 기업들에게 따라 잡히는 것이다. 기존의 성공한 대기업들은 거대한 매머드가 되어 순발력이 줄어든다. 쫓아오는 후발 기업들은 몸집도 작고, 자투리를 남기지 않고 파고들기 때문에 조금씩 잠식당해 가는 자신의 시장을 전혀 느끼지 못하다가 심각한 상황에 이르러서야 뜨끔해 한다. 그러나 조각난 퍼즐같이 이미 흩어져 버린다.

처음부터 몸집을 작게, 핵심 역량으로 시작하는 기업은 전 직원들이 철저하게 고객 만족을 위한 마인드로 무장되어 있으며, 모든 업무의 프로세스가 고객 중심으로 조직화되어 있어 고객에 관한 한 상당한 순발력을 보여 주고 있다. 따라서 거대하고 거만한 대기업보다는 시장에서 살아남을 수 있는 확률이 훨씬 더 높다. 그야말로 몸으로 현장에서 직접 해결하고 덤벼들기 때문에 대기업의 복잡한 프로세스를 이길 수 있는 것이다. 고객은 대기업의 그 같은 절차를 기다릴 필요가 없다.

앞으로는 프로세스를 개선하는 프로젝트만이 '일'이라고 할 수 있다. 일하는 방식을 바꿔야 한다는 것이다. 초일류 기업의 인재 40퍼센트 이상이 이러한 프로세스를 개선하는 일에만 열중하고 있다고 한다. 기업이 탁월하다는 것은 일하는 방식이 탁월하다는 것이며, 그것은 단 0.5퍼센트의 차이에 의해서도 달라 보인다고 한다. 2003년 LG연구소의 「기업 흥망 보고서」에 의하면 "많은 대기업들이 조직 관성에 젖어 실패를 자초한다." 대기업의 조직 관성은 과거의 성공 노하우가 집약된 소중한 자산이지만, 외부 환경이 급격히 변할 때는 기회를 포착하거나 창조적인 실험 정신을 발휘하는 데 엄청난 장애가 된다. 이것이 대기업병이다.

일본의 가고시마에는 원숭이들이 많이 살고 있다. 처음에 어느 원숭이가 흙 묻은 고구마를 물에 씻어서 먹기 시작했는데, 대부분의 원숭이들이 그것을 보고 고구마를 물에 씻어 먹기 시작했다. 그런데 그 중 10퍼센트는 절대로 물에 씻지 않고 그냥 먹는다고 한다. 씻어 먹으면 맛있긴 하지만 남들을 따라 하기 싫어 그냥 먹는 거다. 어느 조직이든지 10퍼센트 정도는 가고시마의 원숭이 같은 존재들이 자리를 차지하고 있어 변화에 대한 저항과 어려움을 만든다.

　대기업병은 화려한 성공의 경험이 있는 기업에서 20~30년이 지나면 찾아오는데, 이러한 기업의 변곡점을 최고 경영자와 전 임직원이 하나가 되어 얼마나 잘 이겨내느냐에 따라 다시 성장의 곡선을 그리는 경우가 있고, 하강의 곡선으로 미끄러지기도 한다. 지적으로 거만한 사람은 자신의 동굴 속에서만 살거나 자신의 사다리만 올라가는 사람이다. 자신이 가진 장점과 다른 사람이 가지고 있는 장점을 합하면 얼마나 큰 시너지 효과가 있는지를 새로운 관점에서 바라볼 수 있는 여유와 겸손함을 가져야 한다.

　한 기업의 생명이 몇 년 전까지만 해도 30년이라 했지만, 2004년 우리나라 통계에 의하면 2.7~3년 정도밖에 되지 않는다고 한다. 영속 기업이 되기 위해서는 모든 조직 구성원들의 새로운 패러다임으로의 전환이 필요하다. 뼈를 깎는 고통을 감수하고, 변화 관리를 위한 경영 혁신 운동을 전개해야 한다. 여기에는 개인의 창의적 역량이 중요시되지만, 그렇다고 혼자만 잘해서는 안 된다. 이때 필요한 것이 바로 다음과 같은 시스템 사고라 할 수 있다.

1. 목적 지향적 사고. 왜Why에 대한 분명한 사고와 통찰이 있어야 한다.
2. 전체 지향적 사고. 부분을 생각하면 전체가 보이지 않는다. 또 전체만 보면 부분의 아픔을 이해하지 못한다. 솔로몬의 지혜처럼 부문과 전체를 동시에 바라볼 수 있는 사고를 할 수 있어야 한다.
3. 관계 지향적 사고. 이것은 누구를 위한 것인가를 생각하며 이것과 관련이 깊은 것은 무엇인가를 생각할 수 있어야 한다.
4. 선택과 집중의 사고. 시장 경제의 원리에 입각하여 수익과 생산성과 경제성과 효율성의 입장에서 사고할 수 있어야 한다.
5. 미래 지향적 사고. 미래는 정해져 있는 운명이 아니다. 자기 하기 나름이다.

7. 시장 지향적 기업 교육

최고의 비즈니스 스쿨은 기업이다. 기업 교육은 인간의 평생 학습 사이클을 놓고 볼 때 늘 학교 교육의 연장선상에 있어야 한다. 하지만 그것은 학교 교육과는 사뭇 다르다. 기업 교육은 순수한 인간의 능력 개발과 발전을 위한다기보다는 기업의 이윤의 창출을 위한 수단으로 목적성이 있기 때문이다.

지금 우리나라의 학교 교육은 입시 위주의 정형화된 교육 시스템에 집중되어 있다. 사회 참여와 재개발을 위한 기업 교육이 훨씬 더 능력의 재창조와 사회화라는 면에서 실용적이고 구체적이라고 할 수 있다. 주부 사원들의 강의에 초청된 연세대학교 이성호 교수는, 학교 교육의 느슨함과 자유로운 분위기만을 접하다가 강의실을 가득 메운 주부들이 말 한 마디 한 마디 열심히 받아 적는 학습 분위기를 보고 우리나라 기업에서 이렇게 사회 교육을 열심히 하는 줄은 몰랐다고 털어놓았다.

대나무는 1년에서 5년 사이에는 땅 밑에서 뿌리만 자라고 땅 위에서는

CS Specialist
유혜선의 당당한 서비스

실제로 실리콘밸리의 숨겨진 진짜 이야기는 전자 상거래의 영문 첫 글자 e가 아니라 혁신과 상상력을 뜻하는 영문 첫 글자 i이다. 무수히 많은 닷컴 기업들을 구분하는 힘은 수십억 달러에 달하는 연구 개발 예산으로부터 오는 기술적 우위가 아니라 그들의 상상력에 의해 결정된다. 그들은 활기에 넘치고 성공에 목말라 있으며 기존 전통과 철저히 단절된 기업들이다. 21세기 경제에서는 e 보다 i의 힘이 성공 기업과 실패하는 기업을 구분하는 중요한 기준이 된다. ─ 게리 하멜의 『꿀벌과 게릴라』

죽순의 모양으로 정지해 있는 것처럼 보이다가 5년 뒤에 순식간에 25미터까지 자란다고 한다. 그리고 콩나물은 매일 콩 시루에 물을 주면 물이 다 흘러내리는 것 같지만 물의 영양분을 먹고 매일 조금씩 잘 자란다. 대나무처럼 능력이 잠재되어 있다가 순식간에 발휘되기도 하며, 다 흘러내리는 콩 시루의 물처럼 아무 하는 일 없이 그저 왔다갔다 다니는 것 같아도 어느새 성장해 있기도 한다.

　교육 담당자는 이를 염두에 두고 교육의 밑그림을 잘 그려야 한다. 마음 속에 둔 근사한 집 한 채를 짓기 전에 설계 전문가에게 의뢰하듯이, 교육 담당자는 교육 설계사의 역할을 해야 한다. 회사의 전략이 무엇이며 그 전략에 맞는 개인의 역량이 무엇인가를 알아내어 그 역량을 어떻게 육성시켜야 하는지에 초점을 맞추어 교육 과정을 설계해야 한다. 이러한 요구를 바탕으로 하여 최소한의 비용으로 최대한의 교육 효과를 끌어내는 것을 '시장 지향적 기업 교육'이라고 할 수 있다.

기업에 있어서 교육은 교육의 품질, 교육 만족도, 그리고 직무 만족도까지 연관되어 있기 때문에 단순히 교육을 위한 교육이 아닌, 이 세 가지의 조건을 다 만족시켜 줄 수 있어야 바람직한 교육이라고 할 수 있다.

조사에 의하면 웅진은 그 동안 지속적인 교육을 통하여 고객 만족 문제를 해결하고자 노력해 온 결과 교육의 시장 지향성과 교육 서비스 품질, 교육 만족도가 상당히 높은 편으로 나타났다. 그러나 많은 교육비와 교육 횟수에 비하여 직원들의 직무 만족도는 그리 높지 않은 편이다. 이는 장기적인 차원에서의 인재를 개발하고 육성하는 교육 체계를 갖추고 있기보다는 단기적이고 일회성 위주의 판매 교육에 치우치고 있기 때문이라고 생각한다.

회사의 성과 향상을 위한 시장 지향적 기업 교육을 다음과 같은 관점에서 살펴보자.

1. 최고 경영자의 관점에서

시장 지향적 기업 교육을 조직 내에서 확산시키는 데 가장 중요한 역할 중 하나는 최고 경영자의 리더십이다. 최고 경영자의 시장 지향적 전파의 노력, 변화에 대한 유연한 대응 능력, 그리고 각 부서 간의 커뮤니케이션의 활성화를 통하여 직원들에 대한 직무 만족도와 경영 성과에 대한 가치 창출을 높일 수 있다.

최고 경영자는

첫째, 내부 고객과 외부 고객에 대한 지속적인 정보의 창출을 위한 관심과 노력을 기울여야 하며, 창출된 정보가 사업 전략과 연계된 교육 프로그램에 의하여 확산이 될 수 있도록 전사적 리더십을 발휘해야 한다.

둘째, 시장 지향적 조직 구조에서 직원들이 고객과 밀접한 관계를 수립하고 지속적인 서비스 개선을 할 수 있도록 많은 권한을 부여해야 한다.

셋째, 직원 교육은 조직 내 모든 자원과 능력을 시장 지향적으로 변화시키는 데 가장 유용한 수단이 되기 때문에, 모든 조직원이 변화의 중요성을 이해하기 위해서는 기능별 조직 구조보다는 팀별 조직 구조로 경영의 핵심 목표에 보다 능동적으로 대처할 수 있도록 한다.

2. HRD 담당자의 역할 변화

시장 지향적 기업 교육에는 교육 담당자의 역할 변화가 필요하다. 다양한 매체 활용을 통하여 교육 서비스 품질은 상당히 높은 수준을 보이기는 하지만, 교육 담당자의 문제 해결 능력이나 전문성은 아직 낮은 수준이다.

그 이유는 교육 담당자들이 교육의 진행이나 교육 행정 실무에 치우쳐 있기 때문이다. 1980년대 교육 담당자의 역할은 주로 운영자, 교재 개발자, 평가자, 요구 분석가, 강사, 촉진자 등이었으나 1990년대의 초반에는 이러한 역할에 추가하여 조직 변화자Change Management의 역할이 새롭게 제시되었다. 1990년대 중반부터는 교육 패러다임의 급격한 변화로 성과 컨설턴트, 학습 컨설턴트로 부각되다가 21세기 정보화 시대 이후에는 시장 지향적 개념을 바탕으로 하는 학습 분위기 창출과 전사적 확산, 내부 고객인 종업원 만족과 회사의 경영성과, 실제 고객인 외부 고객의 만족을 위한 HRD의 종합 품질 경영Total Quality Management의 역할이 절실히 요구된다.

3. 교육 정보 담당자의 전문화

대부분의 회사의 교육은 교육의 실시 횟수에만 치중되어 있기 때문에 교육 이전의 요구 분석이나 사후 관리 평가 시스템이 정착되어 있지 못한 실정이다. 전사적 경쟁 체제의 시장 지향적 교육 시스템으로서 기초를 갖추기 위해서는, 교육 정보 담당자는 지속적인 교육 수요에 대한 시장 조사, 교육 서비스 품질에 대한 정기적인 여론 조사를 해야 하고, 경쟁 기업의 교육 정보의 조사·수집의 차원에서 정보 네트워크를 가지고 있어야 한다. 교육 후 모니터링 시스템, 인사 체계와 연계된 사원들의 경력 개발 체계가 갖춰지기 위해서는 직원들의 교육 요구에 대한 의사 존중과 교육 니즈의 정기적인 확인 조사 및 교육 이수자에 대한 결과의 피드백이 반드시 있어야 한다.

이러한 내용을 교육 담당자가 체계적으로 갖추지 못하면 교육 과정의 새로운 개발과 교육의 필요에 대한 정확한 근거를 최고 경영자에게 체계적으로 제시하지 못하기 때문에 최고 경영자는 회사의 필요에 의한 즉흥적인 교육의 실시 하달을 할 수밖에 없다.

4. 교육 기법의 개선

대부분의 기업 교육은 교육에 대한 필요성이나 교육의 중요성은 잘 알고 있으면서도 참석에 불편을 느끼고 있으며, 이는 교육 장소나 거리의 이동 면에서 교육생에 대한 배려가 부족하기 때문이다. 또한 교육 참석을 위하여 자리를 비웠을 때 그 업무를 대체해 줄 만한 대안이 마련되어 있지 않아, 교육 참석 후의 누적된 업무가 큰 불만 요인이 될 수 있다. 또한 많은 교육의 실시에도 불구하고 직무 만족도가 현저하게 낮은 것은 교육생들의 현실적인 문제를 정확하게 반영하고 있지 못하기 때문이다.

최근 들어 많은 기업들이 이러한 문제점을 극복하기 위하여 현장 중심의 액션러닝action-learning 교육 기법을 도입하고 있다. 액션러닝은 주입식 혹은 일방적인 기업 교육이 아니라 일과 학습이 현장에서 동시에 이루어지며, 또 회사의 중요 정책을 모든 현장의 직원들까지 동참하고 공유할 수 있다는 의미에서 매우 효과적인 교육 기법으로 전파되고 있다.

5. 교육 프로그램의 개선

교육 서비스에서의 교육 상품은 교육 프로그램 또는 교육 과정이라고 할 수 있다. 선진 기업과 대부분의 앞선 기업에서는 ISD Instruction System Design라고 하는 과학적인 교육 체계의 설계, 개발, 또는 과정 개발 프로세스를 통하여 상품으로서 교육 품질을 제고하는 엄격한 기준으로 활용하고 있다.

지금까지의 교육 프로그램 개발이 프로그램의 내용에만 중점을 두고 있었다면 앞으로의 시장 지향적 관점에서의 교육 프로그램은 설계시부터 교육 종료시까지 전 과정이 포함되어 있어야 한다.

이러한 표준화된 교육 과정 개발 프로세스를 통하여 전문성을 갖춘 담당자가 교육 프로그램을 개발하여 단기적이고 즉흥적인 교육이 아닌 보다 전략적·계획적·장기적인 이해의 가치 체계를 가지고 접근할 수 있다.

자워스키와 코리Jaworsk & Kohli 교수의 시장 지향성의 세 가지 개념과 파라슈라만 등 Parasuraman, Zeithaml & Berry의 서비스 품질 다섯 가지 유형을 기본 바탕 개념으로, 기업의 경영 성과에 직·간접적으로 영향을 미치는 바람직한 시장 지향적 기업 교육의 모델을 다음과 같이 제시한다.

시장 지향적 기업 교육 모델

상위 개념	하위 개념	세부 핵심 사항
시장 지향성	교육 정보의 창출	교육 수요에 관한 시장 조사
		교육 서비스 품질에 대한 정기적 여론 조사
		경쟁 기업 교육의 정보 조사 / 수집
		교육 산업 분야의 환경 변화의 파악
	교육 정보의 확산	교육 관련 정기 간행물의 발간
		미래 고객에 대한 고객 만족 니즈 조사
		교육 수요 개발을 의한 빈번한 의사 소통
		경쟁업체의 교육 전략 변화의 파악, 확산
	전사적 반응	직원들의 교육 요구에 대한 존중
		교육의 니즈에 대한 정기적 확인, 조사
		교육 이수자들에 대한 결과 피드백
		교육의 비용 구조에 대한 신속한 대응
교육 서비스 품질	유형성	교육 담당자의 품위와 자질
		정보화 시대의 다양한 매체 활용(교육 기법)
	신뢰성	연간 교육 프로그램에 의한 체계성
		교육 행정의 신뢰성(사후 관리)
	반응성	교육의 목표와 목적의 숙지
		교육 담당자들의 문제 해결 능력
	보증성	교육 담당자의 전문적 지식과 소양
		교육 장소의 편리성
	공감성	다양한 정보의 획득, 공유
		철저한 요구 분석에 의한 교육 과정개발

출처 : 유혜선(2004), 「서비스 마케팅에 기반한 기업 교육의 시장 지향성에 관한 연구」, 연세대.

이러한 기초 역량을 바탕으로 하여 기업 교육의 시장 지향성을 높이며, 회사가 지향하고자 하는 고객 만족을 통한 경영 성과를 달성한다고 본다.

시장 지향적 교육 모델에 의한 만족도의 개념

상위 개념	하위 개념	세부 핵심 사항
교육 상품	교육 정보의 창출	경력 개발(CDP)에 도움을 주는 프로그램
		현장 업무 수행에 유익한 프로그램
	가격	직무의 생산성과 효과성이 주는 교육
		교육 참가시 개인 부담 비용이 저렴
		외부 기간 교육보다 저렴하고 유용함
	유통	효율성 있는 e-Learning 프로그램 활용
		가까운 교육장 위치 선정
		교육 시기와 횟수가 적절함
	촉진	강사의 열의와 강의 스킬
		욕구를 촉진하는 교육 서비스 제공
		과정 이수 후 수료자들에 대한 특혜
직무 만족도	직무	현재의 업무에 대한 만족
	소속감	회사의 대한 만족
	인사	인사 및 승진 체계의 만족
	근로 조건	근로 조건이나 보상 시스템의 만족
	조직	커뮤니케이션 및 조직 문화에 대한 만족
	추천	자신의 일을 다른 사람에게 추천 의향

출처 : 유혜선(2004), 「서비스 마케팅에 기반한 기업 교육의 시장 지향성에 관한 연구」, 연세대.

교육 만족도는 마케팅의 4P 측면에서 교육 상품, 가격, 유통, 촉진으로 나누었으며 직무 만족도는 현재 직무에 대한 만족과 소속감, 인사, 근로 조건, 조직 문화, 지금 자신의 일을 다른 사람에게 추천 의향에 대한 여부를 만족 요인으로 정리했다.

V
Service

테마와 스토리가 있는 감성 서비스

지속적인 관계의 유지가 문제다. 그러기 위해서는 고객과 감성의 동화가 있어야 한다. 고객과 은밀하고 친숙하게 나눌 수 있는 스토리와 테마를 만들어 가는 서비스 프로세스가 있어야 한다. 이것이 감성 서비스다.
코펜하겐 미래학 연구소장인 롤프 예센은 그의 저서 『드림 소사이어티』에서 "정보화 시대가 끝나면 소비자에게 꿈과 감성을 제공해 주는 것이 차별화의 핵심이 되는 드림 소사이어티가 도래할 것이다"라고 했다.

CS Specialist_ 유혜선의 당당한 서비스

1. 파리 붕어빵과 석봉 토스트
2. JAL 항공의 혼이 깃든 서비스
3. 빌려 드립니다
4. 코디 엄마
5. CS Dr.와 사파리 엔터테이너
6. 조폭 마누라 지점장
7. 스토리텔링 마케팅

1. 파리 붕어빵과 석봉 토스트

신바람 일터 만들기 기업 문화 캠페인의 일환으로 웅진의 매주 화요일은 '火이팅의 날'이다. 사내의 고객 만족 운동인 CO(Customer Obsession)의 실천 전략인데 매주 화요일 부서별로 아침에 출근하는 직원들을 인사로 맞이한다. "웃는 하루 보내세요" "전화를 잘 받읍시다" 등 그 날에 정해진 구호로 인사를 한다.

잦은 구조 조정으로 침체된 회사의 냉소적인 분위기에서 이런 캠페인이 성공할 수 있을까 하는 걱정으로 시작되었지만, 각 부서별로 아이디어 경쟁을 하고, 기발한 아이디어와 재미있는 이벤트들이 속출하니 재미와 볼거리도 많은 신나는 화요일 아침이 되었다.

캠페인을 시작하는 첫날에는 대표 이사와 각 본부장들이 현관 앞에서 인사를 하면서 부하 직원들을 맞이했다. 신나는 음악을 틀어 놓고 어깨띠 두르며 인사하는 것이 마치 선거 유세의 한 장면처럼 보였다. 대표 이사와 각 본부장들은 한 번도 자기 직원들의 출근하는 모습을 본 적이 없었는데, 직

CS Specialist
유혜선의 당당한 서비스

어느 조직이든 서비스 문화가 성숙하지 않은 상태에서 고객 존중의 분위기를 만들어 갈 수 없다. 우수한 서비스 기업일수록 공동체 의식이 강하고 서비스 바이러스 전파에 유연성을 갖고 있다.

장으로 향하는 부하 직원들의 비장한 표정을 바라보니까 또 다른 감정이 살아나는 것 같다고 했다.

나는 그 날에 빵, 백설기, 바나나, 삼각 김밥 등을 나누어 주면서 직원들을 독려하는데 직원들의 반응이 좋았다. 직원들은 아예 '화요일은 맛있는 거 먹는 날'로 생각하고 기다리기도 했다.

하루는 회사에서 '석봉 토스트'가 화제가 되었다. 거리의 토스트로 연봉 1억의 매출 신화를 만들고 있는 석봉 토스트의 로드 비즈니스 성공 사례는 빈 속으로 출근하는 직원들에게 따뜻한 먹거리를 통하여 많은 것들을 배울 수 있는 좋은 학습이 되었다.

그 날은 모두 책상에서 동료 직원들과 토스트를 먹으며 무일푼과 무학으로 시작한 석봉에 대한 성공 사례로 이야기꽃을 피웠고 '석봉닷컴'에 들어가 이제는 하나의 기업이 된 비즈니스 성공 사례를 배우기도 했다.

"고객을 어떻게 대해야 하는가? 고객 만족을 어떻게 해야 하는가?"와 관련된 딱딱하고 재미없는 고객 만족 이론을 강의실에서 몇 시간 떠드는 것보다 훨씬 더 학습 효과가 높은 시간이었다.

많은 사람들이 장사나 비즈니스를 시작하지만 모두 성공하는 것은 아니다. 그 사업의 본질이 고객에게 어떻게 반영되는지를 파악하고, 고객을 어떻게 만족시켜야 하는지 정확하게 알고 있어야만 사업에 성공할 수 있다. 그것이 서비스 마케팅이다. 석봉 토스트가 다른 거리의 먹거리와 차별화되는 것은 바로 이런 점이다.

석봉 토스트에서는 호텔 조리사의 복장에 단정한 모자를 쓰고 토스트를 구워 마치 호텔의 고급 음식과 같은 이미지를 연출한다. 토스트를 굽던 손으로 돈을 직접 받지 않고 고객이 돈 통에 돈을 직접 넣게 한다. 그래서 석봉은 위생적이고 깨끗한 토스트로 인정을 받게 되었다.

고급스럽고 깨끗한 토스트의 이미지는 고객에게 어필할 수 있는 훌륭한 마케팅 포인트가 되었다. 더군다나 맛도 깔끔하고 좋았다. 맥도널드는 직원들에 대한 철저한 교육과 직업에 대한 사명 의식으로 급성장한 세계 최고의 외식업체다. 15분마다 손을 한 번씩 닦게 하는 위생 마인드야말로 맥도널드의 주요한 성장 배경이 된 서비스 철학이었다.

석봉은 사람들이 장사에 실패하는 원인은 제대로 장사할 마음이 부족하기 때문이라고 한다. 장사를 하나의 체면치레나 멋진 겉포장만으로 생각하기 때문에 진정으로 고객을 어떻게 대해야 하는지에 대한 배려가 생겨나지 않기 때문이다.

그가 매일 아침 자신에게 거는 긍정적 마인드 컨트롤인 '3뻐'의 경영 정신도 눈여겨볼 만하다. "나는 기뻐, 나는 예뻐, 나는 바뻐"의 직업 정신으로 삶에 대한 긍정과 희망과 진실을 매일 아침마다 스스로에게 주문을 건다고 한다. 이 같이 석봉의 이야기를 하던 중에, 어느 짓궂은 직원이 "그는 나빠, 회사에서 토스트 먹여 주고 우리도 그렇게 하라는 말이지" 하면서 폭소를 자아내기도 했다.

불황일 때 번쩍번쩍 튀는 아이디어들이 많이 나오고, 사람은 극한 상황에 처하면 집중력과 창의력이 최고도에 이른다. 지난 IMF 때 독창적이고 기발한 아이디어로 성공했던 파리 붕어빵이 있다. 당시 환율이 급격히 오르고 우리나라의 화폐 가치가 떨어지면서 손해를 본 사람들이 많겠지만, 그 중에서도 해외에서 유학을 하던 학생들이 그 비용을 감당하지 못하고 되돌아오는 일이 많았다.

파리에서 유학을 하던 피아니스트와 바이올리니스트 부부가 휴학계를 내고 한국에 돌아와 학비를 벌기 위하여 모교인 경희대 앞에서 붕어빵을 구웠다. 그런데 이 예술가 부부는 그저 붕어빵을 굽기보다는 남편이 붕어빵을 구울 때, 부인은 옆에서 무대복을 차려 입고 바이올린을 켜면서 학생들을 불러 모았다.

이름 하여 파리 붕어빵이다. 지적 감수성이 예민한 여대생들의 입장에서 너무 신선하고 재미있게 보였으며, 입소문에 통해 학생들이 모여들기 시작했다. 모차르트의 바이올린 음악이 흐르고 작은 연주회가 있는 포장 마차에서 붕어빵을 굽고 있는 젊은 예술가 부부……

마치 한 폭의 그림 같지 않은가? 뱃속의 검은 팥알들이 마치 춤추는 음표를 그리듯이 요요한 자태로 누워 있는 막 구워낸 붕어빵은 아마 표정조차도 활짝 웃고 있을 것 같다. 파리 붕어빵은 그렇게 학교 앞의 명물이 되어 버렸다. 그 부부는 1년 동안 붕어빵을 구워서 판돈으로 다시 파리로 나머지 학기를 무사히 마쳤다고 한다.

서비스 마케팅은 신성하고 독창적인 아이디어로 고객을 바라볼 때 승산이 있다. 그래서 서비스 마케팅은 사람의 본성을 이해하는 가장 인간적인 실천 학문이며, 또한 성공하기 위한 비즈니스 전략이라 할 수 있다.

- ▶ 나에게 옷을 팔지 말고, 멋진 모습과 스타일, 그리고 매력을 팔아라.
- ▶ 나에게 보험을 팔지 말고, 불안한 미래에 대한 편안한 마음과 가족의 밝은 미래를 팔아라.
- ▶ 나에게 책을 팔지 말고, 즐거운 시간과 지식에서 얻는 혜택을 팔아라.
- ▶ 나에게 장난감을 팔지 말고, 아이들의 즐거운 시간을 팔아라.
- ▶ 나에게 컴퓨터를 팔지 말고, 현대 문명과 신기술에 대한 즐거움과 혜택을 팔아라.
- ▶ 나에게 비행기 표를 팔지 말고, 빠르고 안전하며 백만금 같이 귀중한 목적지 정시 도착을 팔아라.

이유재 교수의 「울고 웃는 고객이야기」 중에서

오늘날 시장에는 수많은 물건이 주인을 기다리고 있다. 기업은 자신의 입장에서 제품을 판매하는 근시안적 마케팅으로는 더 이상 살아남을 수 없다. 물건을 팔지 말고 고객이 가지고 있는 문제에 대한 해결책을 팔아야 한다. 서울대 이유재 교수는 "IBM에서는 단순히 컴퓨터만을 판매하는 것이 아니라 기업들이 경쟁력을 가질 수 있도록 그들의 문제를 해결해 주는 컨설턴트, 즉 'Solution for a Small Planet'의 이미지를 부각하고 있으며, 화장품

회사인 레브론 사는 공장에서는 화장품을 만들고, 매장에서는 희망을 판다"고 했다.

2. JAL 항공의 혼이 깃든 서비스

2001년 7월 CS 강사들을 인솔해서 JAL 항공 연수를 간 적이 있다. 친절한 나라 일본의 CS 교육을 벤치마킹하고, JAL 항공의 교육 체계와 교육 연수를 배우기 위해서다. 하지만 내심 일본의 CS 강사들이 얼마나 세련되고 멋있는지를 보고 싶었다.

국내에서 CS 아카데미 하면 항공사나 호텔의 CS 강사들을 떠올릴 수밖에 없었던 나로서는 CS 강사가 꼭 어리고 예쁜 강사여야만 하는지에 대한 의문도 가지고 있었다. 그래서 더욱더 일본의 강사들은 어떨지 궁금했다.

함께 간 일행들을 보니 다른 해외 여행과는 달리 전부 말끔한 정장 차림에 화장을 곱게 한 얼굴이었다. JAL의 강사들에게 뒤지지 않겠다는 여자들 간의 경쟁심이 깔려 있었다. 아무튼 그렇게 우리들의 여행은 시작되었다.

JAL항공 연수원에 도착했는데, 자그마하고 조용한 연수원의 강의실들에서는 열심히 교육이 진행되고 있었다. 우리 강의실에 도착하니 웬 할머니 두 분이 이것저것 정리를 하고 있었다. 그런데 교육이 시작되자 이 두 분의

CS Specialist

유혜선의 당당한 서비스

> CS는 규칙이나 매뉴얼에 의존하기에 앞서 지극히 상식적이고 도덕적인 것을 실천하는 일이다. 따라서 알고 있는 것이 중요한 것이 아니라 행동하고 실천하는 일이 우선되어야 한다.

할머니가 강사로 소개되는 것이 아닌가?

머리가 하얀 50대 세이토 게이코와 그마노 요리코가 우리들의 강사라고 했다. 모두들 놀람과 동시에 지루한 강의가 될 것이라는 판단에 긴장을 푸는 것 같았다. 그런데 웬일, 시간이 지남에 따라 두 할머니 강사가 풀어 내는 CS 강의가 그렇게 재미있을 수가 없었다. 진정한 CS 강의가 이런 것인가?

우리는 할머니들의 매력에 완전히 꼬리를 내리고 말았다. 한국의 삼성에서도 근무한 적이 있다는 도야마 상의 멋진 통역도 한 몫을 했겠지만, 두 강사의 표정에 나타나는 열정 속에서 고객을 어떻게 섬겨야 하는가에 대해 절실히 공감할 수 있었다. 젊은 시절 JAL 항공에서 겪은 경험과 삶의 연륜이 묻어 있는 강의는 사람에 대한 친절의 의미를 새롭게 인식하게 하는 일종의 충격이었다.

우리는 보통 한 사람의 강사가 모듈식으로 강의를 한다. 그런데 두 명의 할머니 강사가 쌩글 쌩글 웃으면서 말을 주거니 받거니 하며, 시연과 사례를 보여 주는 것이 마치 한 편의 개그를 보는 것 같았다. 일본의 CS의 뿌리는 바로 이 같은 교육에서 나온다는 생각이 들었다.

'CS 강의를 저렇게 재미있게 할 수도 있구나. CS 강의는 굳이 예쁘고 어린 강사가 아니어도 되겠구나' 하는 확신이 들었다.

그래서 한국에 돌아와 대한항공 CS 팀장에게 전화를 걸어 그 점에 대해서 어떻게 생각하는지를 물었다. 본인도 CS 강사라고 하면 당연히 어리고 예뻐야 한다고 생각하고 그런 기준으로만 뽑고 있는데, 일을 하면서 절실하게 나와 같은 감정을 느낀다고 했다.

그렇지만 아직까지 우리나라의 경영진들은 일의 본질보다는 보여 주는 외형적인 효과에 더 관심을 가진다. 이유가 무엇일까? 물론 각각 장점이 있겠지만 한 방향으로만 치우쳐서는 안 된다. 어린 강사들의 신세대적인 장점과 연륜에서 나오는 교육의 장점을 서로 병행하여 운영하는 것도 바람직하겠다는 생각이 들었다.

대한항공에서는 요즘 퇴직자들을 서비스 접점의 승무원으로 많이 활용하고 있는데, 고객들로부터 반응도 좋고 업무 평가도 좋다고 한다. 또 그런 사람들이 연륜도 있어 어려운 일도 잘 이겨내고, 고객의 입장에서 진솔하게 서비스를 잘 한다고 했다.

JAL 항공 연수원은 직원이 모두 280명인데 그 중에 강사가 180명이며, 전부 JAL 항공 출신으로 40대 이상이며 실무 경험이 풍부하다고 한다. 그 대부분이 JAL 항공 승무원으로 열심히 일하다 결혼 후 퇴직해 아이들을 다 길러 놓고 다시 돌아와 젊은 시절의 서비스 경험을 살려서 후배들을 위하여 강의를 한다.

그들은 그 일이 그렇게 보람 있고 즐거울 수가 없다고 말한다. 일본의 장인 정신을 바탕으로 하는, 혼이 깃든 서비스에 대하여 많은 이야기를 들어 봤지만 현장에서 직접 느껴 보니까 많은 생각을 하게 되었다.

JAL 항공은 일본 기업의 수만큼의 다양한 커리큘럼을 가지고 있어 다른 기업의 사외 인재 교육부 역할을 하기도 한다고 했다. 그 커리큘럼 가운데는 신입 사원 특강에서부터 기본 매너, 다양한 특별 세미나, 심지어는 국제 매너, 관혼상제, 승마 클럽, 신데렐라 과정 등 재미있는 커리큘럼도 있었다.

나는 웅진의 현장 출신 강사들에게 꼭 JAL 항공의 할머니 강사들의 사례를 이야기한다. 우리도 할머니가 될 때까지 열심히 강의하자고 하여 우레 같은 박수를 받기도 한다.

지금 일본에는 배용준의 욘사마 열풍이 불고 있다. 눈물을 흘리며 열광하는 일본의 중년 여성에게 "왜 그렇게 배용준을 좋아하느냐?"고 물으면, 부드럽고 친절한 미소와 자상하게 여성들의 마음을 헤아려 주는 마음 때문이라고 한다. 『뉴욕 타임스』는 인터넷판에서 "한국인이 어째서 진짜 남자인지 일본 여성에게 물어 보라"라는 제목의 도쿄발 기사를 내놓았다.

「겨울 연가」의 배용준이 일으킨 욘사마 열풍을 경제적·사회적 측면에서 재조명하면서 한국과 일본에서 그가 23억 달러의 경제적 효과를 창출하고 있다는 것이었다. 이 신문은 불확실성과 비관론으로 가득 찬 일본 사회에서 욘사마는 일본 여성들이 마음속에 그리는 과거의 향수와 일본에서는 찾을 수 없는 감정적 유대감에 대한 동경을 자극하고 있다고 분석했다.

나는 욘사마에 열광하는 중년 여성의 모습을 보며 '그 동안 너무 친절하게 머리 조아려 온 보상 심리에 대한 반대급부 현상이 아닌가?'하는 생각을 떨쳐 버릴 수 없었다. 하지만 일본의 CS가 달라지고 있었다.

내가 통역관 도야마 상에게 "몇 년 전에 왔을 때는 여기저기서 허리를 90도 이상으로 굽히고 지나치다 싶은 정도의 서비스를 하는 종사원들을 볼 수 있었는데 이제는 볼 수가 없다"고 했더니 그는 "지나친 예절은 서구 선진국 사람들에게 불편함을 주기 때문에 지금은 많이 달라졌다"고 대답했다. 글로벌 시대를 선도해 가는 욕심쟁이 나라답게 그런 것까지 재빨리 맞추고 있었다.

일본의 CS는 굉장히 발 빠르다. 일본은 전통을 고수하려는 고집과 시대에 맞는 재빠른 변신이 같이 살아 숨쉬는 곳이다. '친절'하면 일본이 연상될 정도로 일본의 CS에 대하여 이야기하지만, 일본 사람들은 결코 자기에게 이익이 되지 않으면 허리를 굽히지 않는다고 한다. 그래서 일본 사람들의 속내는 같은 일본 사람들도 모른다고 한다.

의례적이고 정형화된 일본식 친절이 글로벌 시대에는 부적합하다고 생각하기 때문에 다양한 사람에게 편안함을 줄 수 있는 글로벌 서비스로 바뀌어 가고 있었다. 하지만 일본은 외국의 문화를 받아들임에 있어 철저하게 차별적이다. 그 단적인 예로 우리나라에서는 어디에서나 흔히 볼 수 있는 커피 자판기를 일본에서는 찾아볼 수가 없다. 그들이 자판기를 통하여 즐겨 마시는 것은 전통차다.

CS Specialist

유혜선의 당당한 서비스

3. 빌려 드립니다

보통의 남녀가 만나서 결혼을 한다고 생각해 보자. 몇백만 원 또는 몇천만 원을 들여 가전제품과 혼수를 장만해 부모님들의 허리를 휘청거리게 만든다. 그리고 내 집 장만을 하기 위해 허리띠를 졸라 매고, 자기 자신보다 남편과 아이들을 먼저 위하는 가정 주부의 희생적 노력이 시작된다.

구멍 난 양말을 기우며 알뜰하게 저축하여 10년 만에 장기 융자를 받아 내 집 마련에 성공한다고 치자. 이제 나머지 인생은 장기 대출금 갚느라고 다 보낸다. 그 사이에 결혼할 때 구입한 가전 제품들은 팔기는커녕 웃돈 얹어서 내 버려야 하고, 새로운 제품 장만하는 데 그 동안 모았던 쌈짓돈 다 털어서 또 산다. 도대체 여자의 일생, 아니 사람의 일생은 어찌하여 이렇게 물질의 노예가 되어 평생을 쫓으면서 세월을 보내야 하는 것일까?

합리적인 소비 패턴을 가진 서구 선진국의 소비 마인드에서 물질은 그 이상도, 그 이하도 아니다. 물질은 다만 생활의 편리함을 가져다줄 뿐이기 때문에 지나친 에너지와 열정을 단지 물건을 소유하는 데 허비하지 않는다.

CS Specialist
유혜선의 당당한 서비스

> 서비스는 생활 속에서 발견되고 실천되어야 하며 기교를 부린다거나 지나치게 튀어서는 안 된다. 우리가 알고 있는 서비스는 이미 유치원에서 다 배웠기 때문이다.

자신에게 가장 귀중하고 가치 있다고 생각하는 것 외에는 모두 빌려 쓴다.

집은 물론이고 웬만한 가전 제품과 생활 용품들은 다 빌려서 쓴다. 특히 장난감 같은 경우는 아이들의 발달 시기에 맞춰 좋은 학습 프로그램으로 운영되어 대부분의 사람들이 이를 이용하고, 필요가 없으면 또 필요한 다른 사람을 위하여 깨끗하게 반납한다. 생활가전 용품들은 벼룩 시장이나 중고 재활용 시장에서 자유롭게 소통될 수 있도록 나라에서 또는 자치 단체에서 네트워킹이 되어 있어 주민들이 생활화하여 활용하고 있다.

우리나라 사람들은 자동차를 사면 평균 3년에서 5년 만에 다시 새 자동차로 바꾼다고 한다. 소형 자동차를 많이 볼 수 있는 유럽에서는 자동차를 구입하면 보통 20년 이상 깨끗하게 타고, 미국에서는 특별한 경우를 제외하고는 장기 할부나 렌털로 자동차를 구입한다.

자동차뿐이 아니다. 요즘은 웬만한 것은 거의 다 렌털로 사용할 수 있다. 높은 부가가치에 비하여 감가 상각비와 관리 유지비를 생각하면 필요할 때

빌려 쓰고 반납하는 것이 효율적이고 간편하다. 정수기, 비데는 물론이고 TV, 냉장고, 세탁기, 컴퓨터, 휴대폰, 캠코더, 식기와 가전제품 등 심지어 숟가락과 포크까지도 렌털로 사용할 수 있다고 한다.

가볍게 사는 것이다. 물질의 소유를 위하여 쏟아 부었던 경제적·시간적 에너지를 자신과 가족의 삶의 질을 높이는 데 사용하여 보다 높은 사회적 가치를 공유할 수 있는 여유를 가지게 된다. 그래서 시민 활동이나 봉사 활동 또는 대학들의 열린 강의장에서 자신의 관심 분야에 대한 재학습에 투자할 수 있는 것이다. 이것이 평생 학습이다.

몇 년 전에 친구의 결혼식에서 있었던 일이다. 얼굴도 예쁘고, 공부고 잘하고, 집안도 부자여서 '결혼식이 얼마나 시끌벅적할까?' 하는 생각으로 결혼식에 참석했다. 그런데 놀랍게도 결혼식은 소박했다. 아니, 소박하다기보다는 약간 초라한 결혼식이었다. 식장 음식은 간단한 국수 한 그릇뿐이었다.

친구는 두 사람만의 소중한 추억을 위하여 두 달 동안 휴가를 내어 유럽여행을 갔다 온다고 했다. 또 좋아하지도 않는 예물 같은 것은 모두 생략하고, 둘 다 글 쓰는 사람이라 작은 집에 홈시어터 수준의 가전 제품만 최고급으로 구입했다고 한다. 그들은 다른 사람들을 위해서가 아니라 진정으로 두 사람만을 위한 실속 있는 결혼식을 한 것이다.

이들처럼 자신이 가치 있다고 생각하는 것에 금전적 에너지를 투자해야 한다. 그곳에 자신의 에너지와 열정을 쏟아 부어야 한다. 그것이 삶의 목표가 되어야 하는 것이다. 한 번으로 끝나버리는 겉치레를 위한 것에는 돈을 쓸 필요가 없으며, 그 외의 것은 그저 가볍게 사는 거다.

소비 심리가 위축되고 경기 침체가 계속되면서 고가의 제품을 사는 것이 어려워진 소비자들은 빌려 쓰는 것에 대하여 만족하고 큰 부담을 느끼지 않는다. 또한 소비자들이 유행에 민감해지면서 생기는 신상품에 대한 갈망은 빠른 속도로 변화하는 속도의 경제 시대와 맞물려 렌털 시장이 활기를 띠게 된다.

렌털 시장이 활성화되면 생활 패턴에 변화가 생기는데, 특히 여성들에게 물질의 소유에서 벗어나 삶의 가치를 재조명해 볼 수 있는 여유가 많아진다. 웅진코웨이개발의 성공 포인트도 이와 관련이 있는데, 렌털 사업과 더불어서 우리나라 산업의 미개척 지역인 환경에 대한 새로운 시각과 여성 인력의 활용과 사회 참여를 꼽을 수 있다.

정수기 정기 점검을 통하여 각 가정에서 만나는 주부들에게 분리 수거와 재활용에 대한 환경 의식과 시민 의식을 고취시켜 주는 일도 매우 의미 있는 일이다. 나는 교육 담당자로서 코디들에게 그런 일에 대한 자부심과 소명 의식을 심어 주려고 노력했다.

한순간 반짝하는 아이디어가 적기의 시장을 만나서 일시적으로 많은 생산성을 높일 수는 있다고 하지만, 고객과 고객의 요구가 뒷받침된 훌륭한 사업성이 없다면 영원한 100년 기업으로 존재할 수 없다.

100년 동안 끄떡없는 기업이 되기 위해서는 사회 윤리성과 철학을 바탕으로 하는 기업 가치가 기업 문화로 바뀌어야 한다. 모든 기업들이 순간적인 영업 성과 때문에 고객의 마음을 저버리지 않는, 끝까지 고객의 입장에서 기업의 사명(使命)을 펼쳐갈 수 있는 고객 만족의 회사가 되기를 바라는 마음 간절하다.

4. 코디 엄마

나는 주부 사원 교육이 전공이었다. 교육을 통하여 일에 대한 자신감과 삶에 대한 자신감을 갖는 여성들을 보고 많은 보람을 느꼈는데, 주부 사원들을 볼 때마다 '저들이 만약 이렇게 일을 하지 않는다면 저 넘치는 에너지를 어디에다 쏟을까?'라고 생각할 정도로 그들은 열정적이었다.

웅진코웨이개발로 발령을 받고 한 달쯤 뒤, 현장에서 필터를 교환하는 주부 사원들을 소집했다. 약간 음습한 지하 교육장에 내려가니 80여 명 되는 주부 사원들이 모여 있었다. 그전 회사의 화사하고, 깔끔한 주부 사원들을 보다가 그들을 만났을 때는 '이렇게 일하는 주부 사원들도 있구나?' 하는 생각이 들어 정말 깜짝 놀랐다.

그들은 70~80퍼센트 이상이 청바지에 청조끼, 그리고 운동화에 모자를 꾹 눌러 쓴 차림이었다. '기름밥 먹는 사람들'이라고 해야 할까? 그들의 복장이 바로 그랬다. 청조끼에는 드라이버나 볼펜 같은 것을 꽂을 수 있고 또 작은 부품들을 넣을 수 있는 주머니들이 많았다.

CS Specialist
유혜선의 당당한 서비스

> 서비스 리더는 단순히 훌륭한 서비스를 전달하는 사람이 아니라 서비스 비전을 제시하고 서비스 문화를 형성해 나갈 수 있는, 강력한 서비스 바이러스를 양산하고 퍼트릴 수 있는 사람이다.

여자들이 모자를 꾹 눌러 쓸 때는 대개는 화장을 안 하는 경우다. 나는 "여자가 30~40대에 화장을 안 하고 거리에 나가면 공해입니다, 공해. 거리가 갑자기 칙칙해지면 여러분들 책임이에요"라고 운을 떼 분위기를 달랬다. 결국 내가 이 사람들을 교육시키고 조직화시켜야 했다.

역시 만만찮았다. 그녀들은 한 달에 한 번씩 나와서 방문해야 할 고객 리스트만 받아가고 전달 사항만 지시 받았을 뿐, 제대로 된 교육이라고 받아 본 적이 없었다. 그런데 갑자기 나타난 여성 과장이 이것저것 요구하니까, 그녀들 눈에는 대단해 보이기도 하거니와 같은 여자로서의 이질감과 어색함이 삐딱한 자세로 표출되기도 했다.

그녀들에게는 기수(期數)가 없었다. 소속감이 있을 리 만무했고 경쟁심도 찾아보기 힘들었다. 그래서 체계적인 조직을 만들기 위해 이듬해 1기부터 공개 채용을 하기 시작하여 지금은 1만 명이 넘는 거대한 코디Cody 조직이 되었다.

당시 가장 시급한 것이 자신의 일에 대한 직업 의식과 자신감, 소속감과 소명 의식 같은 것을 심어 주는 일이었다. 이름을 지어야 했다. "필터 주부사원이 뭐야. 나의 카피라이트 실력을 발휘하여 멋진 이름을 지어야지." 그래서 온 그룹사에 이름을 공모하기도 했다.

나는 이외에도 코디 업무 규정, 운영 시스템, 교육 시스템, 그리고 코디의 친절성과 전문성을 강화하기 위하여 CS 아카데미를 만들어서 CS 강사들의 채용과 훈련까지 도맡아서 했다. 그런데 코디 조직이 늘어나기 시작하자 그들을 조직적으로 관리하기 위한 매니저급이 필요해졌다.

그렇지만 대부분 "죽어도 자기들은 시키는 일만 하지 남을 관리하는 일을 할 수 없다"는 것이었다. "조직에서 베푸는 사람은 남자들이나 하는 것이지 여자인 내가 어떻게 하냐고, 그런 거 한 번도 해본 적도 없고 자꾸 그러면 사표 내겠다"며 도망가는 코디들도 있었다. 이들에게 자신감 심어 주고, 여자도 할 수 있다는 것을 보여 주기 위하여 본사 과장 직함을 달고 현장의 지국장으로 그들과 똑같이 뛰었다.

그 결과, 본사 과장과 같은 대우를 받는 지국장이라는 직함이 얼마나 매력 있고 부러운 직책이 되었는지 모른다. 전부다 하겠다고 난리다. 그야말로 신기(神技)가 발동되기 시작되었던 것이다. 자신의 이름조차 없이, 누구의 엄마로만 살다가 한 조직의 장(張)이 된다는 것, 여자로서 항상 다른 사람들에게 서비스 제공자로서만 있다가 조직의 장으로서 대우를 받는다는 것은 여자들에게는 상당히 대단한 매력으로 작용했다.

이러한 역할을 할 수 있도록 회사 차원에서 실시한 교육은 실로 엄청났다. 묻혀 있는 여성들의 숨은 능력을 끄집어내는 것이었다. 실제로 여성들의 능력은 대단했다. 처음 시작할 때 890억 원의 매출을 올리다가 그 다음 해에는 7400억 원으로 무려 800퍼센트가 넘는 성장을 기록했다. 1998년 4만 명이었던 회원수가 2002년에는 170만 명을 돌파해 40배 이상으로 불어났다. 매달 평균 100명 이상의 회원수가 증가해 지금은 200만을 넘어서 300만 회원 돌파를 눈앞에 두고 있다고 한다. 처음에는 반신반의하던 동종 업체들이 렌털과 코디 제도를 벤치마킹하고 있다.

코디와 함께 뛰었던 현장은 만만치 않은 곳이었지만 나에게는 귀중한 경험이고, 소중한 인연을 만들어 주었다. 그 곳에서 처음에는 경외시하고 삐딱한 시선으로 쳐다보던 코디들이 나에게 특별한 이름을 붙여 주었다. 이름 하여 코디 엄마. 코디들을 잉태하고 생산한 엄마다. 그리고 그들과 같은 입장이 되어서 뛰는 엄마다. 코디 엄마로서 코디들과 업무뿐 아니라 인생을 함께 이야기하고 공유한다. 코디들의 경험을 많이 이야기하게 하고, 나는 주의 깊게 들어준다.

대부분의 코디들이 자가용을 이용하여 일을 하는데, 그들 중 누군가 말하기를 아침에 꾀죄죄한 주부로 있다가도 단정한 유니폼으로 갈아입고 자동차의 키를 꽂고 좋아하는 음악을 트는 순간부터 멋있는 코디로 변신하는 것 같다고 한다. 그 말을 들으면 왠지 모를 뿌듯한 보람을 느낀다.

여성들도 남성들 못지않게 자동차를 좋아한다. 일이 없을 때는 강변이나 대성리 유원지 같은 곳을 드라이브하면서 스트레스를 풀기도 하며, 고객을 만나기 전에는 한 번 더 자신을 가다듬는 공간을 제공하기 때문이다.

코디들을 따라서 고객 집을 방문하는 경우가 많은데, 여자가 공구 세트를 들고 정수기를 뜯어다 붙였다 하는 모습들을 쳐다보면서 고객은 "여자가 무슨 기술이 있길래 이렇게 척척 잘하는지 부럽다"고 한다. 한 번은 "예, 우리 코디들은 모두 환경 기능사 자격증을 땁니다"라고 즉흥적으로 대답한 적이 있다. 실제로 코디들에게 기술 교육을 굉장히 철저하게 시킨다. 그래서 기계치들은 중간에 탈락하기도 한다.

고객들은 정수기를 사용하면서도 안을 들여다보는 일이 거의 없다. 고객들이 직접 관리를 하지 않기 때문에 정수기 탱크 속의 물때를 보거나 간혹 개미, 바퀴벌레들이 안식하고 있는 모습들을 보면 아연실색 하기도 한다. 코디들이 물탱크를 깨끗하게 청소해 주고, 정수기 몸체와 싱크대 주변까지 깨끗하게 서비스해 주는 모습은 고객들에게 신뢰와 호응을 받는다.

필터 교체 비용을 받아야 하는 경우도 있는데, 그때 깨끗한 하얀 봉투에 돈을 넣어서 두 손으로 조심스럽게 건네주는 고객도 있다. 그러면서 "왠지 그렇게 해야 될 것 같다"는 말을 덧붙인다.

코디들 가운데는 우리들의 직업인 코디를 새로운 시대에 새로운 직종, 신지식인으로 등록을 하자는 건의도 나왔다. 코디 중에 한 사람이 청와대에 가서 신지식인 인정서까지 받아왔다.

렌털 시스템은 적기의 시장을 만나서 시기적으로 잘 들어맞는 아이디어였다. 그렇지만 그것을 '어떻게 실천하고 운영하느냐'가 관건이다. 그리고 앞으로의 시장에서는 '어떻게 고객의 기대를 저버리지 않고 영원한 기업으로 갈 수 있느냐'와 관련된 기업의 윤리성과 철학이 더욱 중요시될 것이다.

거대한 조직들이 현장에서 움직이다 보니 때론 부작용이 생기고 생각지도 못했던 일들이 벌어지기도 하지만 기업이 추구하고자 하는 본질적 가치에 흔들림이 없다면, 고객은 그것으로 판단할 것이다.

CS Specialist
유혜선의 당당한 서비스

5. CS Dr.와 사파리 엔터테이너

10년 전쯤, 도쿄 디즈니랜드를 관광한 적이 있다. 관광 가이드의 안내를 통하여 도쿄 디즈니랜드의 예술적 서비스를 만나게 됐는데, 지금도 그것이 잊혀지지 않는다.

테마파크에 가면 사파리 정글 투어가 있다. 투어 중에는 계곡을 지나고, 귀곡 산장에서 귀신도 만나며, 악어와 각종 새, 그리고 갖가지 동물들도 볼 수 있다. 뿐 아니라 굽이굽이 재미있는 이벤트들로 풍성해 정말 신이 난다.

그런데 365일 매일 똑같은 코스로 정글차를 운전해야 하는 전동 기사를 한 번 생각해 보라! 너무나 익숙해져서 운전하는 것이 재미가 없을 뿐더러 매일매일 짧은 주기의 같은 일을 반복하기 때문에 기사들은 이내 매너리즘에 빠지기 시작한다.

회사에서는 직원들의 근무 태만도 문제지만, 고객들의 안전을 우선 생각해야 하기 때문에 '어떻게 하면 저 사람들이 자신의 일을 재미있게 하고, 또 떨어지는 회사 매출에 적극적으로 기여할 수 있는 역할을 담당하게 할

CS Specialist

유혜선의 당당한 서비스

사람을 움직이는 방법은 상대가 무엇을 원하는지를 파악하여 그것을 해 주는 것이다. 고객에게 이익을 줄 수 있는 일이 무엇인지를 찾아라. 고객의 이익이 곧 기업의 이익이기 때문이다.

수 있을까?를 고민하기 시작했다고 한다. 그래서 그들의 직업에 대한 비전을 심어 주고 일에 대한 자신감과 재미를 불어넣어 주기 위한 교육을 받게 하고, 그들의 업무에 창조적인 끼를 불어넣을 수 있는 이름도 다시 짓게 되었다.

"여러분들은 단순히 전동차를 운전하는 기사가 아니라 우리 사파리 정글 투어에 오는 손님들을 즐겁게 하고 재미있는 추억을 만들어 주는 '사파리 엔터테이너'입니다." 그렇게 해서 사파리 엔터테이너들이 탄생했다.

'내가 고객을 즐겁게 해야 하는 사파리 엔터테이너라고? 그러고 보니 그때까지 기사들은 정글차를 타는 고객들의 얼굴을 한 번도 본 적이 없었다. 교육을 받으면서 기사들은 자기가 즐거운 추억을 만들어 줘야 할 고객이 어떤 사람인지를 살피기 시작했다. 어린이, 할머니, 할아버지, 아저씨, 아줌마, 학생들, 연인들……. 고객들을 살피기 시작하니 시간대에 따라 고객의 연령 분포가 다르고, 또한 고객의 유형과 종류에 따라 좋아하는 코스가 다르다는 발견을 하기에 이르렀다.

한 기사는 고객에 따라 좋아하는 코스에서 머무는 시간을 달리해 보고, 또 고객이 좋아할 수 있는 음향이나 노래들을 틀어서 분위기를 바꿔 보기 시작했다. 음악 테이프를 진열해 놓고 오늘은 '누구를 재미있게 해 줄까?' 하고 연구하는 것이 너무 재미있고 즐겁다는 생각이 들기 시작했다. 고객에 따라서 자신의 역할을 달리한 것이다.

전동차에 꼬마 손님들이 많을 탔을 때는 악어가 나타나는 강물에서 시간을 좀더 보내기도 하고, 연인들이 많을 때는 동굴 속에서 불을 잠깐 꺼 주기도 해서 남자들로부터 휘파람 찬사를 받기도 했다. 또 주부들은 귀곡 산장의 귀신을 무서워하면서도 좋아한다는 것을 알고, 주부 관광객이 많을 때는 귀곡 산장에서는 좀 오래 머무르기도 하며, 귀신이 나오는 깜짝 음향을 틀어 극적인 효과를 연출해 내기도 했다.

고객의 반응은 매우 좋았다. 모두들 재미있어 했다. 찬사와 환호와 약간의 팁, 이런 것들은 고객이 만족하고 있다는 의미이고, 기사에게는 자신의 일에 성취감을 얻는 긍정적인 요인들이 아닌가?

그 후 그 기사는 회사로부터 많은 상을 받았다고 한다. 이제 사파리는 그 지역의 관광 필수 코스로 자리잡았고, 정글차의 기사들은 사파리 투어의 명물이 되어 고객과 함께 사진도 찍고, 같이 놀아주기도 하는 등 관광객을 즐겁게 해 주고 있다고 한다. 사파리의 정글차 기사의 서비스는 도쿄 디즈니랜드의 예술적 서비스의 시초가 되었다. 그것은 교육의 힘이다. 또한 진정한 고객 만족을 통한 CS의 실천이다.

광고에서 많이 접해 이제는 친숙한 단어가 된 웅진코웨이개발의 코디와

CS Dr.는 '사파리 엔터테이너'에서 아이디어를 얻어 지은 이름이다. 앞에서도 몇 차례 거론했듯이 코디는 새로운 시대의 여성 전문 직업인으로서 좀더 세련되고 신세대적인 직업의 이미지가 필요해서 만든 이름이고, 빠른 시간 내에 성공적으로 정착되었다. 하지만 정수기를 설치하고, AS하는 기사들의 이름을 CS Dr.라고 부르는 데는 좀더 많은 시간이 걸렸다.

'닥터'라고 하면 우리나라에서는 최고의 전문직인데 갑자기 그들과 같은 이름으로 수준을 격상시키니 자신과는 어울리지 않는다고 생각한 것 같았다. "의사가 환자를 진단하고 치료하고 예방하듯이 여러분들은 CS 분야에서 여러분의 이름으로 제품을 진단하고 처리하고 예방하는 Before Service, In Service, After Service를 하는 CS의 전문가들이"라는 점을 중점적으로 교육했다. 그랬더니 자기들끼리 "어이 김 닥터, 최 닥터, 야 너 닥터래……"라고 어색해 하면서 약간 비아냥거리는 투로 불렀다.

하지만 이제는 닥터라고 부르지 않으면 자기를 무시한다고 생각할 정도로 그 이름에 애착을 가지고, 또 서로 존중하며 불러 주기도 한다. 그 CS Dr.들에 의해서 몇 차례 연속적으로 서비스 만족도 부분에서 최고 서비스 기업으로 상을 받았다. 그들은 원스톱 서비스, 하나 더 서비스 등을 바탕으로 서비스 부문에서 최고를 달리고 있다.

나는 CS Dr.들과 함께 지점장 생활을 2년 동안 했다. CS Dr.의 이름을 탄생시킨 장본인으로서 그들을 관리하고 서비스 교육을 시키는 데 얼마나 정성을 쏟았는지 모른다. 우리 조직은 현장에서 고객을 응대하며 일을 하는 서비스 직종의 일이 무척 많다. 그들은 하루 종일 사무실에서 업무를 보는 사람들이 아니기 때문에 매일매일 정신적으로 재무장을 시켜서 현장으로 내보내야 한다. 보통 전체 조회나 미팅, 커뮤니케이션 등의 수단을 통해서 그 일을 한다. 사실 현장에서 일하는 사람들과 매일 미팅을 한다는 것이 불가능할 때가 많지만, 시간이 없어서 하지 못한다면 그것이 가능하도록 시스템을 만들어 놓으면 되는 것이다.

나는 최초의 대형 지점의 여성 지점장으로서 2년 동안 종합 평가 1위로 맹위를 날렸다. 그 기록은 전무후무하고 또 불가사의한 일로 남아 있다. 나의 입장에서도 그렇게 많은 남성 조직을 성공적으로 이끌어 봤다는 것은 대단한 경력과 경험이 되었다.

팀장 기사의 차를 타고 가끔 현장을 나갈 경우가 있다. 차가 운행되는 동안 나란히 앉아 이런저런 이야기를 많이 나누게 된다. 어느 날 팀장이 "지점장님이 말씀하시는 것처럼 아무리 일을 재미있게 하려고 해도 매일 만나는 기계가 그 기계이고, 이제는 모르는 것도 없고 너무 똑같은 일이 반복되어서 재미가 없습니다. 그럴 때는 어떻게 해야 합니까?"라고 질문을 했다.

나는 이렇게 대답을 했다. "그렇지요. 팀장님 정도의 베테랑이 정수기에 대해서 모르는 것이 뭐 있겠어요? 하지만 일을 재미있게 하려면 기계만 보지 말고 그 기계를 사용하는 고객은 어떤 사람일까를 생각해 보세요. 왜 고장이 났을까? 이 고객 집은 물을 얼마나 마시고, 이 고객의 취향은 어떨까 하는 것들을 재미있게 관찰하기 시작하면 그때부터 고객과 자연스럽게 대화가 가능합니다. 서비스맨은 고장난 기계도 고쳐야 하지만 그 기계의 고장으로 인하여 다친 고객의 마음도 AS해 줘야 하거든요."

이런 이야기들로 하루를 같이하다 보면 공적인 이야기, 때론 사적인 이야기까지 허심탄회하게 나누는 친한 사이가 된다. 파트너가 되어야 할 남자

팀장들과의 관계가 좋지 않을 수가 없다.

CS는 어떻게 하면 더 잘 할 수 있을까? 잘 한다는 기준을 무엇으로 할 것인가? 내가 생각하는 서비스는 바로 기업의 이윤의 창출이다. 서비스가 바로 영업이고 마케팅이다. 웅진코웨이개발의 서비스 성공 전략은 코디와 CS Dr.의 Before Service를 통해 철저하게 서비스 시장을 만들어 가는 것이다.

6. 조폭 마누라 지점장

전국에 1,000명이 넘는 AS 조직인 CS Dr. 조직은 마치 군대 같다. 친절 교육을 하던 CS 아카데미 팀장이 그곳의 지점장으로 발령을 받았다. 그것도 평가가 하위인 지점에 말이다. 나이가 많은 기사들도 있고 해서 주위 사람들이 걱정을 많이 했다고 한다. 나 또한 '기름 밥 먹는 저 남자들을 내가 감당해 낼 수 있을까?'라는 의구심을 품었다.

코디들의 서비스가 어느 정도 좋아졌다고 생각하니 그 다음은 설치 및 AS를 담당하는 CS Dr.들의 서비스가 문제되었다. 이미 코디 지국장을 경험한 내가 가진 무기는 하나밖에 없었다. 교육을 통한 변화와 혁신이었다. 나의 리더십을 실험해 볼 수 있는 기회였다. 결과를 먼저 말하면 나의 리더십은 서비스 리더십과 감성 리더십이었다고 생각한다.

기존의 남자 지점장들 밑에서 느껴 보지 못했던 여러 가지 경험들을 같은 동료 입장에서 느끼고 공유하게 했던 것이다. 매일매일 업무 확인을 이벤트처럼 재미있게 했다. 관리당하고 있다는 느낌이 들지 않도록 자유롭지

CS Specialist

유혜선의 당당한 서비스

동료를 격려해 주어라. 잘못은 쉽게 고칠 수 있도록 느끼게 하라. 또한 상대방을 비평하기 전에 자신의 잘못을 인정하고 뒤돌아보라. 그래야 당신의 제안을 상대방이 기꺼이 받아들일 수 있다. 21세기 서비스 사회는 감성 소비의 시대이다. 품질의 좋고 나쁨이 아니라 가치와 편리성을 중시하는 감성적 판단에 좌우되기 때문에 고객의 우뇌를 자극시켜야 한다.

만 철저하게 업무 프로세스를 진행하고, 참여할 수 있도록 만들었다.

매달 첫 주의 미팅은 조찬 미팅이다. CS Dr.들의 아침 출근이 7시 30분이기 때문에 대부분 아침 식사를 거르는 경우가 많다. 교육 팀장을 할 때 대표이사와 본부장들을 모시고 매달 한 번씩 아침에 조찬 미팅을 진행한 적이 있다. 한 달을 마무리하는 시점에서 우리도 조찬 미팅을 하자고 제안했다. 조찬 미팅이라고 해 봤자 큰 식당 하나 빌려서 뜨끈한 해장국 한 그릇씩 먹는 것뿐이다. 더 이상 말이 필요 없다.

우리나라 사람들은 먹는 인심 속에서 친하지 않는 사람이 없다. 뜨뜻한 국물로 속을 확 풀어 놓고 미팅을 시작하면 안 될 일도 없다. "지점장님, 뭐요, 뭐? 안 되는 거 다 말하세요. 지점장님 말씀이라면……." 이런 식이다.

남자들은 또 단순한 데가 있지 않은가? 일단 받아들이면 받들어 충성이다. 회식 자리에 지점장이 나타나지 않으면 젓가락도 안 들고 기다린다. 주차장이나 길거리에서 만나면 큰소리로 "충성"하고 외친다. 창피하니까 너무 그러지 말라고 해도 여전하다. 현장 사람들은 많은 걸 바라지 않는다. 공정하고 투명하게 잘 이끌어 주기만 하면 된다. 기분 좋게 일할 수 있는 시스템만 만들어 주면 열심히 한다. 그만큼 또 순수하다.

발령 받고 처음 아침 미팅을 하러 들어갔을 때 "업무나 제대로 파악하고 나서 말합시다. 우리가 무슨 일 하는지는 알기나 알아요?" 하고 삐딱하게 말하던 기사들이었다. 나는 그들 모두를 일자로 반듯하게 세워 놓았다. 소리 한번 지르지 않고서 말이다. 그리고 1년 만에 전국 최우수 지점으로 만들어 놓았다. 그리고 1년 내내 그 기록을 유지했다.

한 번 시스템을 만들어 놓으면 그 다음은 각 팀장들이 알아서 관리하게 된다. 구체적이지 못하고 합의되지 않은 채 일방적인 지시 일변도의 조직 문화 속에서 나름대로 불만이 있던 사람들이, 자신들의 의견에 의해서 투명하게 지점이 운영된다는 생각에 굉장히 좋아하고 모두들 솔선수범했다.

참여하지 않으면 절대로 희생하지 않는다. 스스로 참여하게 하니까 모두들 희생적이다. 그리고 그렇게 하니까 평가가 좋아지지 않는가? 그 동안 만년 하위 지점의 설움 속에서 최고 지점이 되어 보는 것은 '우리도 하면 할 수 있다'는 자신감을 갖게 하는 매우 중요한 경험이 되었다. 자신들이 느껴보지 못했던 성공의 경험을 갖게 하는 것이 리더로 인정 받는 가장 첫걸음인 것이다.

조직은 힘으로 운영하는 것이 아니다. 서로가 지켜야 할 업무의 룰이 있다. 그것은 약속이며 근무 수칙인 것이다. 그것을 서로 확인한 다음에 관리자는 직원들이 그 일을 잘할 수 있도록 봉사하고 지원하며 분위기를 만들어 주는 것이다. 나는 여러 가지 지점장 검정 테스트를 치루고 난 뒤, 그 다음부터는 그들의 상사로 인정 받았다. 70명이 넘는 남자들로부터 충성을 받아 본 기분은 정말 잊지 못할 추억이 될 것이다.

하루는 CS Dr. 팀장이 집안에 상을 당해 경북 영천의 한 시골 마을로 문상을 가게 되었다. 사람들, 특히 남자들은 집안에 큰일을 있을 때 얼마나 많은 사람들이 와 주느냐에 따라서 사회 생활에서 성공했느냐가 판단된다. 그래서 서로 가 주는 것은 자신이 일을 당했을 때를 대비해서 보험을 들어 두는 것과 같다.

일이 끝나고 모두 모여서 8시가 넘은 시간에 출발했다. 시골 조그만 마을에 도착하니 12시가 넘었다. 12시가 넘은 야심한 시간에 60명이 넘는 건장한 남자들이 봉고 8대를 나누어 타고 도착하니 시골 사람들이 모두 다 놀래서 처다보았다. 어디 조폭들이 내려온 줄 알고서 말이다.

군대 정신에 입각한 우리 Dr.들이 지점장이 대표로 향을 피울 수 있도록 영전까지 길을 쫙 나누어서 터 주니, 나는 그 길로 들어가지 않을 수 없었다. 향을 피고 영전에 절을 하니까 같이 온 기사들이 모두 같이 따라서 절을 했다. 상주에게도 절을 했다. 그리고 돌아섰는데 나는 너무 놀라서 기절을 할 뻔했다.

"조폭 마누라가 내려왔다"며 문상 온 동네 사람들이 삥 둘러 나를 쳐다보고 있지 않는가? 마을의 이장쯤 되는 사람이 내 앞으로 와서 인사를 한다. 그리고 높은 마루로 나를 접대를 하는데 너무 어색해서 혼이 났다. 조폭 마누라의 짜릿한 경험이었다.

7. 스토리텔링 마케팅

이제껏 우리가 해 오던 모든 일의 방식들이 바뀌어 가고 있다. 전 세계 40퍼센트 이상의 화이트칼라 인재들이 일하는 방식을 바꾸기 위하여 노력하고 있다. 이제는 단순 반복적이고 기능적인 일들에 많은 시간을 쏟지 않는다. 일의 방식을 개선하고 고객을 위한 새로운 부가가치를 만들어 내는 프로젝트를 개발하고 실행하는 일에 머리를 쓴다.

세계 변화의 진원지인 실리콘밸리에서 스탠포드 공대의 휴렛패커드 사와 하버드 경영 대학원의 GE의 방식에 의한 바람이 불어온다. 세계적으로 인터넷이 빨리 발전할 수 있었던 이유는 GE의 대량의 구조 조정에서 밀려난 유능한 인재들이 집에서 컴퓨터 연구에만 몰두할 수 있었기 때문이라고 한다.

우리나라에도 백수 전문가 사이트가 있다. 마음에 들지 않는 사진을 한 장 올려 놓고 이력서에 붙일 수 있도록 손을 좀 봐 달라고 하면, 밤늦도록 불을 밝히며 인터넷의 세계에 살고 있는 백수 천재들이 떼로 몰려들어 너무

CS Specialist
유혜선의 당당한 서비스

1명의 고객을 잃으면 300명의 잠재 고객을 잃는다. 1명이 평균 12명 정도에게 이야기하고 12명은 평균 6명 정도에게, 6명은 평균 3명 정도에게 전하는 부정적인 소문의 악순환이 거듭된다. 사람들은 심리적으로 나쁜 경험을 오래 기억한다.

도 근사하게 수정해 놓는다고 한다. 그럴 때 사례로 돈을 얼마 주겠다고 하면 절대로 안 된다. 그것은 그들의 자존심을 건드리는 것이다. "고수님, 한 수만 가르쳐 주십시오" 하면 정말 성의를 다하여 다듬어 준다.

기존의 일들이 정보화와 디지털 시스템에 의해서 다 밀려나고 있다. 앞으로는 지금까지의 직업의 50퍼센트 이상이 다 바뀔 것이라고 한다. 신주쿠 백화점의 안내양들이 모두 로봇으로 바뀔 날이 얼마 남지 않았다고 한다. 앞으로 남성들도 인공 자궁을 몸속에 넣어 아이를 임신할 수 있다고 한다.

그러면 앞으로 사람이 주력으로 하는 일은 생명 공학이나 인체의 건강을 다루는 일이거나 사람의 마음을 다스려 움직이게 하는 일이다. 이것들은 절대로 사람이 아니고는 할 수 없다. 여기에 약간의 데이터 정리나 통계 처리에 컴퓨터가 필요하겠지만 사람의 마음을 파고들어서 움직이게 하는 일은 절대로 기계로 대치될 수 없다.

그래서 앞으로 고객과의 관계에서 웬만한 것들은 시스템적으로 체계화

시켜 놓으면, 어떻게 그러한 시스템을 가지고 고객의 마음을 파고들어 움직이게 하느냐가 문제가 된다. 그리고 지속적인 관계의 유지가 문제다. 그러기 위해서는 고객과 감성의 동화가 있어야 한다. 고객과 은밀하고 친숙하게 나눌 수 있는 스토리와 테마를 만들어 가는 서비스 프로세스가 있어야 한다. 이것이 감성 서비스이다.

코펜하겐 미래학 연구소장인 롤프 옌센Rolf Jensen은 그의 저서 『드림 소사이어티Dream Society』에서 "정보화 시대가 끝나면 소비자에게 꿈과 감성을 제공해 주는 것이 차별화의 핵심이 되는 드림 소사이어티가 도래할 것이다"라고 했다. 톰 피터스는 단순히 소비자에게 만족을 주는 서비스를 넘어 소비자에게 꿈을 주는 기업이 되어야 한다고 했다. 지안 루이지 론지노티-비토니Gian Luigi Longinotti-Buition는 자신의 저서인 『꿈 팔기 : 모든 물건에 저항할 수 없는 매력을 부여하는 방법Selling Dreams』에서 처음으로 드림 마케팅이라는 표현을 썼다.

스토리와 테마가 있는 감성 서비스, 가슴에 호소하는 스토리텔링 마케팅의 예를 몇 가지 들어 보자. 역사상 최고의 인기 음료인 콜라가 감기약을 만들다가 나온 실패작이라는 사실을 알고 있는가? 거미줄보다 가늘고 철선보다 질긴 나일론이 물과 석탄과 암모니아의 잘못된 배합으로 인하여 탄생했다는 사실을 아는 사람은 몇 안 될 것이다.

트렌치 코드, 일명 버버리 코트는 1859년 영국 출신 토머스 버버리 Thomas Burberry에 의해서 탄생되었다. 그는 목동과 농부들이 여름에 즐겨 입는 시원하고 질기며 방수가 잘되는 소재에 관심을 갖다가 개버딘 소재를 개발하여 트렌치 코드를 만들었다. 그 옷은 제1차 세계 대전 때 영국 군인들이 비 올 때 입던 가볍고 방수가 잘되는 레인코트로 납품하면서 세계적으로 이름을 날리게 되었다. 이후 버버리는 영국의 『옥스퍼드 사전』에 수록될 정도로 트렌치 코드의 대명사로 자리잡았으며, 영국의 공식 군복으로 채택되면서 전쟁이 끝난 뒤에도 제대한 군인들이 계속 입게 되었다고 한다. 영화 「애수」에서 남자 주인공 로버트 테일러가 입었고 영화 「카사블랑카」에서 험프리 보가트와 잉그리드 버그만이 입으면서 버버리 코트는 더욱 더 사랑받게 되었다.

고객과 이런 상품의 비하인드 스토리를 나누다 보면 많은 공감대가 형성되어 지속적인 커뮤니케이션을 유지하는 데 많은 도움이 된다.

최윤희 강사를 한 강의에서 만났다. 많은 사람들이 여성의 삶의 다양성에 대하여 많이 이야기를 하지만, 그녀는 그 실체를 눈으로 확인한 것 같은 사람이었다. 그녀는 솔직하고, 진솔하면서, 순수하고, 당당하며, 여러 복합체가 모여서 상대방을 완전히 무장 해제를 시키는 절묘한 매력을 가진 편안한 입담가이다. 내가 좋아하는 카피라이트라는 직업을 가지고 있으면서 지금은 행복 바이러스를 전파하는 인기 강사로 활동중이다. 카피라이트라는 직업이 원래 잡학에 능해야 한다. 모든 인간 만물에 대한 호기심과 관심이 있어야 글로써 풀어낼 수 있기 때문이다. 사고 방식 또한 단편적이어서는 곤란한 것이 그 직업의 특성이다. 다양하고 입체적인 사고를 할 수 있어야 하며, 모든 것을 새롭게 해석할 수 있어야 한다. 그녀는 50세가 넘었다고 하지만 진부함과는 거리가 먼 사람이었다.

그녀의 이야기 중에서 재미있는 거지 시리즈를 스토리 마케팅으로 소개할까 한다. 어느 날 지하도에서 한 맹인을 만났다. 앞에 놓인 문구에는 "앞을 못 봅니다. 그러니 제발 도와주십시오"라고 쓰여 있었다. 호기심 천사라서 그냥 지나갈 수 없어 그녀는 카피라이트 실력을 발휘하여 다음과 같은 문구를 써 주었다고 한다. "꽃피는 봄날은 매년 돌아오건만 나는 볼 수가 없습니다."

어느 여름에 다른 지하도에서 그 맹인을 다시 만났는데 그렇게 반가울 수가 없었다. 그 이후로 매출이 많이 올랐다고 하여 너무 기뻤다고 한다. 그런데 한여름에 아직도 봄 타령을 하고 있어서 아예 사계절용으로 다시 써 주었다. "나에게는 사랑하는 아내와 딸이 있습니다. 그렇지만 나는 볼 수가 없습니다."

다른 많은 스토리텔링의 사례가 있지만 동정심이라는 감정 상품을 파는 거지의 사례가 특히 재미있다. 우리나라에서 스토리텔링 연구가로 활동 중인 김민주의 『성공하는 기업에는 스토리가 있다』에서 몇 가지 소개한다.

인터넷 붐이 한창 유행이던 1999년 미국 뉴욕의 월스트리트 거리에서 어떤 거지가 깡통에 "beg"라고 써서 구걸을 했지만 별로 수입이 좋지가 않았다. 고민 끝에 "beg.com"이라고 썼더니 깡통에 수십 달러가 쌓이기 시작했다고 한다. 거기에 힘입어 좀더 세련되기 "ebeg.com"이라고 바꾸었더니 IBM과 휴렛패커드에서 전략적 제휴를 맺자고 제안했으며, 오라클은 ebeg 사이트에서 오라클의 데이터베이스 기술을 사용하도록 했고, i2는 거지 커뮤니티를 위한 공급체 통합을 위해 B2B 포털로 beg TradeMatrix를 만들어 주겠다고 하여 세상 흐름을 읽는 데 정통한 그 거지는 떼돈을 벌었다고 한다.

또 어떤 거지는 "100미터 앞에 거지가 있습니다. 돈을 꺼낼 준비를 하십시오"라는 팻말을 붙여 지갑에서 돈 꺼내는 시간을 주는 배려를 베푸는가 하면, 고려대 앞 지하도의 '원만이 아저씨'란 별명을 가진 거지는 사람들이 얼마를 줘야 할까를 고민하지 않도록 아예 정가제를 실시해 100원만 받으며, 1000을 줄때는 900원을 거슬러 준다고 한다.

어느 백화점 간판에서 '쇼핑은 스토리이다'라는 문구를 본 적이 있다. 제품은 그 제품 자체로만 팔리고 사는 것이 아니다. 나이키 신발은 승리하는 순간의 환희를 고객에게 판매를 하고, 화장품은 아름다움의 환상을 판매한다.

이러한 환희와 환상의 뒷면에는 그 순간에 도달하기까지의 많은 노력과 수많은 이야기들이 있으며 고객들을 그 이야기 속으로 끌어들여 동참하게 함으로써, 마치 자신도 같은 순간에 있는 것 같은 느낌을 가지게 한다. 그리고 구매한 그 상품을 볼 때마다 그것과 함께했던 사람과 장소와 순간을 추억으로 기억하는 것이다.

오늘날 고객은 지쳐 있다. 식상해 있다. 따라서 고객은 단순한 소비가 아니라 만남을 통해 즐거워하고 싶어한다. 고객에게 상품을 팔지 말고 꿈을 팔아라. 그리고 이야기를 팔아라.

VI
Service

늘 애인이 많은 여자

"해지는 산마루에 그림자 하나. 이름도 없다. 성도 없다. 묻지를 마라.
의리와 정의로 살아왔기에 외로워도 안 울었다. 억울해도 참았다.
목 메여 운 것은 평생에 단 한 번 가지를 말라고 매달려 울었을 때
아!! 자하꼴의 미투리는 말없이 간다."

CS Specialist_ 유혜선의 당당한 서비스

1. 교육 엔터테이너에서 CS 스페셜리스트로
2. 원미 공원에서
3. 이 땅에 여자로 태어나서
4. 꿈이 나를 자유롭게 하리라
5. 섹시한 마녀 핑크칼라의 시대

1. 교육 엔터테이너에서 CS 스페셜리스트로

교육은 재미있어야 한다. 특히 성인 교육은 더욱 그렇다. 주도적으로 참여하고 선택적으로 참여하지만 좀처럼 실천으로 이어지지 않는 것이 성인 학습이다. 재미있게 참여한다는 것은 관심을 갖고 집중할 수 있는 흥밋거리가 있다는 것이다. 성인들은 경험과 인식의 층이 두터워 빠른 이해를 시키는 데 무척 힘이 든다. 그래서 무엇보다 임팩트가 강해야 한다.

제주도에 큰 행사가 있어서 진행 요원으로 참석했는데 "어쩌면 10년 전에 하던 행사에서 하나도 발전한 것이 없이 그대로냐"라면서 지적을 당한 경험이 있다. 그때부터 일을 할 때마다 새로운 것을 도입하여 신선함을 추구하고자 했다. 그래서 교육이나 행사를 진행할 때마다 엄청나게 많이 고민하고 철저하게 준비하고 또 준비한다.

교육 진행 시나리오를 쓰고, 준비물 체크리스트를 챙기고, 역할 분담을 하는 등 마치 한편의 연극을 무대 위에 올리는 기분으로 최선을 다했다. 그랬더니 교육생들의 반응이 생각보다 훨씬 좋았다.

CS Specialist
유혜선의 당당한 서비스

오늘날 21세기의 유능한 인재는 전문적인 지식과 직업에 대한 사명 의식, 그리고 서비스 능력이 뛰어난 사람이라고 한다.

교육에도 흥밋거리 곧 엔터테인적인 요소가 있어야 한다. 나는 '교육생들이 어떻게 하면 재미있게 참여하고 많은 것들을 얻어가게 할 수 있을까?' 하는 고민을 수없이 했다. 덕분에 나는 교육 전문가로 인정받기 시작했으며 사내에 소문이 나고 다른 기업의 교육 담당자들이 벤치마킹하러 찾아오기도 했다. 나는 교육 엔터테이너가 되었다.

한 번은 큰 행사의 사회를 맡게 되었다. 태국 파타야에서 400명 이상을 대상으로 하는 큰 행사라서 '어떻게 하면 근사하고 나답게 치를 수 있을가?'를 고민했다. 당시에는 KBS의 「열린 음악회」가 매우 인기가 있었다. 순간 머릿속을 스치는 영감이 떠올랐다. '그렇지! 장은영 아나운서를 벤치마킹해야겠다!' 그런데 TV로만 봐서는 그 느낌이 잘 전달되지 않았다. 그래서 현장에 가서 직접 보기로 했다.

행사를 한 달가량 앞두고 있었는데, 「열린 음악회」 녹화 장소가 오스트리아 빈이라고 했다. 오빠가 외교관으로 베를린 대사관에서 근무하고 있었기 때문에 유럽을 몇 번 다녀왔고 낯설지가 않아 당장 일주일 휴가를 내서 빈까지 쫓아갔다. 세계적인 음악당 콘체른 하우스에서의 「열린 음악회」 실황 공연은 지금도 잊을 수 없다. 대중 음악 공연으로는 절대로 공개되지 않는 곳인데 아마 세계적인 소프라노 조수미의 출연에 의해서 허락된 것 같다고 했다.

김건모의 익살스런 공연과 신효범, 국악인 김영임의 공연도 좋았지만 무엇보다도 끼와 배짱이 있는 조영남의 능청스런 공연은 모든 교민들과 외국 관중들을 웃고 울게 만들었다. 아마 그 기억은 평생 잊지 못할 추억이 될 것이다. 물론 태국 파타야에서 장은영의 컨셉트를 벤치마킹한 나의 진행도 대단히 성공적이었다.

모두들 나를 교육 전문가라고 한다. 그러나 나는 우물 안 개구리였다. 어느 외부 교육에서, 한 외국 기업의 교육 담당자가 "웅진에는 직원들의 CDP는 어떤 것이 있느냐?"라고 물었다. 나는 CDP가 무슨 말인지조차 몰랐다. HRD(인적 자원 개발Human Resource Development)라는 용어도 당시 나에게는 무척 생소했는데 CDP(경력 개발 프로그램Career Develop Program)은 말할 것도 없었다. 대기업 교육 담당자들이 뱉어 내는 교육 전문 용어들 앞에서 '내가 참 무식하구나!' 하는 것을 느끼게 되었고, 좀더 공부를 해야겠다는 생각을 가지게 되었다. 이 분야의 전문가가 되기 위해 그전부터 마음을 두고 있었던 교육 대학원에 진학을 했다.

한 분야에서 전문가라고 한다면 자신이 그 분야와 관련하여 경험한 일을 한 권의 책으로 정리를 할 수 있어야 한다는 일본의 어느 노(老) 교수의 말씀에 힘입어 그 동안 내가 경험하고 실천했던 것들을 실증적 탐구를 통하여

한 권의 논문으로 정리했다.

　웅진이 나의 경험과 실천의 산실이라면 연세대학교는 나의 이론과 학습의 백그라운드가 되었다. 나의 지식과 경험의 두 축으로 사회에서 진정으로 CS를 실천하는 지도자가 되어야겠다고 생각하며, CS 스페셜리스트로서 후배들에게 모범이 될 수 있는 좋은 선배가 되어야겠다는 마음이다.

2. 원미 공원에서

집 가까이에 있는 부천의 원미 공원에서 나는 휴일이나 시간이 날 때마다 가벼운 등산을 한다. 이 공원은 사색에 잠기거나 여러 가지 생각들의 단편들을 정리하기에 아주 적당한 공간이다. 추적추적 가을비가 내리고, 형형색색 단풍이 너무 아름답게 물든 11월의 어느 날, 원미산을 오르면서 나의 20년을 되돌아보고 있다.

산은 자꾸 나에게 머뭇거리지 말고 내려가라 한다. 20년 동안 앞만 보고 달려 온 나의 직장 생활을 떠나라 한다. 하늘을 찌를 것 같은 성취감과 보람을 느낀 날도 많았지만, 그래도 자존심을 죽이고 비굴하게 나를 내팽개쳐 왔다는 느낌이 나를 더욱 더 부끄럽게 만드는 것은 어찌할 수 없다.

여러 차례의 구조 조정과 조직 개편에도 끄덕하지 않고 최고 경영자로부터 직접 세 번씩이나 발탁되는 순간도, 시간이 지나고 나니까 한편으로는 열심히 일했다는 안도감을 남기고, 다른 한편으로는 직장 생활을 좀더 연장했을 뿐이라는 생각이 든다. 결국 나의 미래는 다른 사람이 책임져 주는 것

CS Specialist

유혜선의 당당한 서비스

> 21세기는 변화 경영의 시대라고 한다. 모두가 변화의 주체가 되어야 하지만 내가 변화하지 않으면 아무런 의미가 없다. 모든 변화의 한가운데에 내가 있기 때문이다. 나부터 변해야 한다.

이 아니라 내가 스스로 준비해야 하는 것이다. 정글속의 타잔은 가장 높이 오를 때 줄을 놓을 수 있어야 다음 줄을 잡고 앞으로 나아갈 수 있다. 내가 잡아야 할 다음 줄은 무엇인가?

시원한 글쟁이인 동아일보의 김순덕 기자가 한 말이 있다. 백설 공주가 잘한 것이 무엇인가? 열심히 자기 주장하면서 머리를 굴린 마녀가 훨씬 더 섹시하지는 않은가? 흥부가 왜 박씨의 복을 받아야 하는가? 흥부가 도대체 한 일이 무엇인가? 놀부는 왜 욕을 먹어야 하는가? 자신의 미래를 위하여 열심히 노력한 놀부가 오늘날 자본주의 사회에서는 당연히 복을 받아야 할 사람이다.

그렇다면 난 그 동안 백설 공주였나? 사실은 직장에서 찬란하게 주목 받고 싶은 왕비였는지도 모른다. 참 '열심히'는 했다. 무식하게 계산도 없이 뒤도 안 돌아보고 정말 열심히 했다.

나의 20년의 직장 생활은 안전한 방패막이였으나 발전은 없었다. 하지만 이제는 정리하려 한다. 안정이 주는 달콤함을 거부하지 못하고, 편안한 쇠사슬을 용기 있게 끊어 내지 못하고, 의존적이기만 하고 자주적이지 못했다. 나의 근성을 나는 반성해야 한다.

물러남에는 명예로울 것이 없다. 퇴진하는 순간만큼은 이별이고 아픔이고 눈물이다. 그 이후의 운명은 얼마나 그 동안 치열하게 준비하며 살아왔느냐에 달려 있다.

나는 나의 굴레로부터 벗어나고 싶을 뿐이다. 나를 구속하고 제한하는 모든 것으로부터 훨훨 자유롭고 싶다. 보다 높은 이상의 가치 세계에서 고고하고, 도도하게 살고 싶다. 지적 그라운드인 연세대학교와 나의 경험과 실천의 산실인 20년간의 직장 생활의 경험이면 충분할 것이다. 나의 삶은 뒤처지거나 실패하지 않을 것이다.

아무렇게나 아무렇지도 않게 사는 것이 너무 싫을 따름이다. 나의 의식의 눈이 그것을 정말 용서하지 않는다. 사랑도, 우정도, 충성도, 효도도 우아하게 나의 세계 속에서 내가 베풀고 싶다. 나의 미래를 내가 결정하고 책임지며, 내가 나에게 명령하고 행동하게 할 것이다. 조그마한 것이라도 나의 결정에 의한 성공의 경험을 쌓아 가고 싶다.

내 마음대로 한 번 살아보고 싶다. 그러면서 화려하게 주목 받으면서 살고 싶다. 그런데 나는 언제쯤 내가 가지고 있는 재능과 끼에 열정을 불어넣을 수 있을까? 이 경험과 재능과 끼에 화약고가 되어 줄 수 있는 것이 무엇인가? 언제쯤 활활 타오르는 장작이 될 수 있을까?

불붙기만 하면 성공할 자신이 있다. 불붙기는커녕 한 번 제대로 피어 보지도 못하고 지고 마는 꽃이 되지 않기를 진심으로 바랄 뿐이다. 산은 나에게 이야기 한다. 더 이상 머뭇거리지 말라고. 원미 공원을 내려오면서 결심한다. 나를 또 다시 활활 불태울 수 있는 불쏘시개를 찾아 나의 제2의 인생을 새롭게 시작할 것이다.

    자신감 있고 당당하게 앞으로…

3. 이 땅에 여자로 태어나서

♪ 해지는 산마루에 그림자 하나. 이름도 없다. 성도 없다. 묻지를 마라. 의리와 정의로 살아왔기에 외로워도 안 울었다. 억울해도 참았다. 목 메여 운 것은 평생에 단 한 번 가지를 말라고 매달려 울었을 때 아!! 자하골의 미투리는 말없이 간다. ♪

지금도 TV 보는 것을 좋아하지만 어릴 때도 동생과 함께 TV 보는 것을 무척 좋아했다. 위의 가사는 어릴 때 재미있게 본 사극 드라마의 주제가인데, 지금까지도 머릿속에서 떠나지 않는다.

해지는 석양을 뒤로하고 도포 자락 휘날리며 나타난 이름 모를 나그네! 그는 외로워도 안 울었다. 억울해도 참았다. 목 메여 운 것은 평생에 단 한 번 가지를 말라고 매달려 울었을 때…….

연극인 손숙 씨의 남편이기도 한 김성옥 씨가 자하골의 미투리의 주인공

CS Specialist
유혜선의 당당한 서비스

> 내가 아는 사실중에 의식적인 노력으로 자신의 삶을 향상시킬 수 있는 능력이 인간에게 있다는 것이 우리에게 가장 큰 의미를 준다.

이다. 미남은 아니지만 성격이 얼마나 호방하고 사내답고 멋있던지……. 나는 치사하고 째째한 남자를 제일 싫어한다. 여자지만 절대로 그렇게 살고 싶지 않다.

오래 전에 소피 마르소가 여주인공으로 나오는 프랑스판 씨받이 「파이어라이트Firelight」라는 영화를 본 적이 있다. 집안이 너무 가난한지라 그녀는 어느 부잣집에서 돈을 받고 아이를 낳아 주게 된다. 몇 년이 지나 자신이 낳은 아이를 잊지 못해 그 아이의 가정 교사로 그 집에 다시 들어가게 된다. 귀한 자식이라 애지중지 키우지만 아이는 점점 황폐해 가고 있었다.

공부를 하자고 하면 "Servent, Servent(너는 하인이야! 하인 주제에)" 하면서 소리치고 도망가 버리곤 했다. 하루는 주인이 없는 틈을 타서 방안에서 둘이 같이 문을 걸어 잠그고 굶으면서 하소연하기 시작했다.

"이 세상에 여자로 태어난 이상 여자가 결혼을 하면 그 삶은 남편과 가족으로 인하여 모든 자유가 구속된다. 결혼하지 않은 여자의 삶은 기존의 관습으로부터 모욕과 고독만 주어지고 모든 것으로부터 격리된다. 결혼을 하든 하지 않든 한 가지 가둘 수 없는 것은 자신의 마음이다. 마음의 눈을 뜨게 하기 위하여 나는 너에게 글을 읽힌다."

결국은 하인이 아니라 자신을 낳아준 엄마라는 것을 알게 되어 행복한 가정을 이루게 되는 해피엔딩의 영화였다. 이 세상에 여자로 태어나서 어찌 공감하지 않겠는가?

『나쁜 여자가 성공한다』에서 김명숙은 "주부의 일이 얼마나 고립되어 있고 소모적인 생(生)이며 사람을 찌들게 하는가?"라고 말한다. 그럼 결혼하지 않은 여자는 자유로울 것 같은가? 관습으로부터의 모욕과 관계에서 격리되어 현실과 사회로부터 더 많은 구속과 고독을 느낀다.

결혼을 하든 하지 않든 자신의 삶을 주도적으로 이끌어 갈 수 있는 마음의 눈을 넓히는 것이 정말 중요하다. 자신의 삶을 담보로 하는 결혼은 경제적인 문제가 큰 원인이 될 것이다. 누구에게나 구속당하지 않는 경제적·사회적 독립은 결혼을 하더라도 건강한 균형 감각을 가지면서 살아갈 수 있을 것 같다는 생각이 든다.

왜 여자의 삶이 한 쪽으로만 치우쳐야 할까? 결혼한 주부는 자신의 삶이 찌들어 간다고 생각하고, 결혼하지 않은 여자의 사회적 성공과 자유를 부러워한다고 여겨지고, 사회적으로 성공한 능력 있는 여자는 남성성을 가진 터프한 여자이거나 사랑받기를 거부하는 여자로 취급을 받고 살아야 하는가?

21세기는 여성의 시대이고, 여성적인 감성 리더십이 앞으로의 사회를 이끌어 간다고 하지만, 아직까지도 기존의 사회 시스템에 여자는 남자와의 경쟁에서 많은 것을 버리고 포기해야 되기 때문이라는 생각이 든다.

나는 두 가지에서 다 성공하고 싶다. 일과 사랑에서 멋지게 성공하고 싶다. '착한 여자 콤플렉스', 이것 때문에 나의 삶이 아직까지도 이렇게 자기 소모적이다. 색깔이 있고, 기질이 있고, 개성과 스타일이 있는, 그런 맛이 있어야 하는데 그냥 착해야 한다는 모범적인 생각 때문에 모든 걸 다 주어 버린 것 같다.

그것들을 어디서 다 보상받을 수 있을지 모르겠지만 그래도 아닌 것은 아니다. 그냥 다 털어 버리고 자유를 품으며 살고 싶다.

대학교 때 학보에 실린 글이다. 그때의 그 감성으로 살고 싶다.

야생화

잃어버린 계절을 안타까워하며 혼자만의 고즈넉한 화평의 길에 가슴 절이고 싶은 시리도록 아픈 가을날의 먼 여정을 부여받았다.
토닥토닥 기분 좋게 가슴을 때려 주는 가벼운 빗방울도 신선한 계절의 고적한 도취를 일깨워 주는 듯, 감정의 미아가 되어 버린 빈한한 가슴을 안고 어디론가 자꾸만 휑한 그리움 속으로 끌려만 가고 있다.
섬약한 내 가슴속에서의 작은 전율마저 느끼면서 회의론자가 사람이 생각하는 모든 것에 모순과 결함을 찾아낸다는 것은 그가 완전무결한 조화의 의미를 알고 있기 때문이리라.
하지만 그 모순과 결함의 미로 속에서 우매한 자신을 서러워하는 비좁은 인식과 얕은 지성을 안타까워함은 어찌하는가?

영원한 동경의 여인으로 떠나 버린 천재 전혜린을 생각한다. 짧은 인생이나마 끝없는 자기 의지의 열정으로 생을 불태우고 떠나 버린 정열의 연인, 순수한 삶의 동경과 영원한 이상의 그리움으로 그 천재적인 역량이 끝없이 현실 속에서 부딪혀 왔으리라.

독일의 멋진 여행. 보얀 담배 연기 속에서 피어오르는 차원 높은 생의 환희!

우주의 조화에 의한 영혼과 육체의 내면적 갈등.

의식과 무의식과의 합의에 의한 철학과 제도와 관습의 타파에 몸부림치며 어디론가 한 점의 먼지처럼 휑 하니 떠났다가 다시 돌아와 회상에 젖어보는 향수에 찬 여행.

나에겐 모든 것이 꿈이고 이룰 수 없는 머나 먼 동경의 세계에 지나지 않는다.

수준 높은 모리악의 책이나 베토벤의 중후한 음악을 꿈꾸며, 헤밍웨이나 톨스토이와의 내면적 깊은 대화 속에서 흔들리는 이성과 감성을 토로하고 머물 수 있는 부러운 환경과 지적인 여유.

부딪혀 사는 것이 얄팍하게 살아가는 속성의 인간이 아니다. 천태스럽고 아름다운 자연이고 수준 높은 예술이며 영감 어린 이상의 세계인 것이다.

그녀의 너무도 순수한 이상에 한 점의 오점도 주고 싶지 않은 하늘의 배려가 있었던가? 그녀는 목마른 계절에 왈칵왈칵 생명수를 들이키듯 솟아오르는 차디찬 지성의 갈망에 더 큰 열정을 부여하지 않는가!

거부하고 사랑하고 고독하고 방황하며 오묘한 신의 섭리를 떨쳐 버리고 강한 의지의 생명력으로 생을 불태우던 그녀! 한 떨기 야생화.

외로운 자태였으나마 그래도 병약한 우리네 가슴을 화사로

움으로 충만케 했던 계절의 꽃이 아니었던가?
그러나 그녀가 떠나 버린 이 가을은 더 큰 서러움을 간직하게 한다. 가슴 아프게 겪어야 하는 슬픈 과정 속의 나날들 속에서 오늘도 더욱 아픈 마음의 병을 앓아야 한다.
그럴수록 자꾸만 멀어져 가는 얕은 학문의 세계와 나의 사랑. 내가 지닌 여러 가지 제한이나 껍질에 응결당함이 없이 내 몸과 정신을 혜린의 무한 속의 세계와 인식의 세계에 내던지고 싶다.
그대가 영원한 보헤미안이 된다면 나 또한 정열의 화신처럼 멋진 플라맹고에 몸부림치는 집시의 여인이 되고픔이라.
어디선가 야생화의 강한 선율이 나의 의식을 때리면서 추억처럼 그리던 여인네의 품안에서 잠시나마의 환상을 깨우고 있다.
청아한 가을의 하늘은 너무도 화려한 고독을 꿈꾸게 했다.
발끝에 와 닿는 빗방울이 제법 굵어지기 시작하나 보다. 이 질퍽한 오솔길을 빠져 나가면 크고 넓은 대로가 초라한 나의 모습을 푸근한 인정의 가슴으로 반기리라.
그리고 지엄한 계절의 의지는 나를 다시 뛰게 하리라.

동아대학보. 법정대 정외과 3년 유혜선

4. 꿈이 나를 자유롭게 하리라

시인 김갑수는 삶이 괴로워 음악을 듣는다고 했다. 나는 현실의 무게가 너무 무거워 미래의 나의 세상을 찾아 여행을 많이 했다. 20개국 이상을 여행했고 유럽은 3번 이상 다녀왔다. 현실의 사슬에 묶여 이러지도 저러지도 못하고 무감각한 채로 흘러 보내야 하는 무능함이 싫다. 매순간 살아 있는 삶을 살고 싶다. 내가 앞으로 살고자 하는 생은 완벽한 나만의 삶의 목표를 이루는 것이다. 그 꿈이 있기에, 현실의 무게도 마치 아무것도 아닌 것처럼 편안하게 지낼 수 있게 한다.

그 꿈을 준비하는 여행이 나를 살아 있게 하고 또 자유롭게 한다. 해외 여행을 갈 때 나의 치마 길이는 짧아지고 어깨 끈이 얇아진다. 국내에서는 절대 쓰지 못하는 파격적인 색깔의 베네통 모자도 한 번 써 보고, 멋진 선글라스와 액세서리도 마음껏 해 본다. 파격과 일탈이 너무 재미있다.

유럽 여행을 할 때 창이 큰 모자와 엘레강스한 정장을 하고 비행기를 탄 적이 있다. 루프트한자의 멋진 스튜어디스가 손을 내밀어 입구에서부터 자

CS Specialist
유혜선의 당당한 서비스

> 21세기의 문맹은 문자를 읽지 못하고 쓰지 못하는 사람이 아니라, 배우려 하지 않고 낡은 지식을 버리지 않으며 재학습하지 않는 사람이 될 것이다.
> — 엘빈 토플러

리까지 에스코트를 한다. "Welcome Lady!", "Thank You, Your Welcome." 서툰 영어도 우아한 척해 보기도 하고.

『워킹우먼』에서 주관하는 '일하는 여성 33명이 떠난 유럽 여행기'를 사보에 올린 적이 있어 소개한다.

자유와 역사의 도시 프라하에서 여름을…

자칫 태풍 '티나'에 발이 묶일 뻔한 아슬아슬한 순간을 물리치고 우여곡절 끝에 독일 항공사인 루프트한자에 몸을 실었다.
맛있기로 소문난 루프트한자의 기내 커피를 마시면서 잔잔하게 흘러나오는 클래식 음악에 빠져 앞으로의 여행이 가져다줄 미지의 시간을 상상하며 이렇게 나의 여름 휴가는 시작되었다.

디자인 하우스『워킹우먼』33인이 함께 떠나는 황금여로의 화려한 외출. 추억으로 남겨져 앞으로의 내 삶의 마디마디에서 향긋한 추억의 편린으로 떠올려지게 될 8박 9일의 유럽 테마 문화 여행, 그때의 순간을 기억해 본다.

여행사의 깃발만 쫓아다니다가 사진만 찍고 돌아오는 패키지 여행보다 서로 배우고 느끼면서 쉴 수 있는 테마가 있는 문화 여행이라는 홍보에 마음이 끌린 이번 여행은 현지 교민인 김영자 교수가 직접 가이드를 했다. 멋있는 독일 남편과 안토니오 반데라스를 닮은 그녀의 잘생긴 두 아들을 졸졸 따라다녔다. 나는 잘생긴 남자에게는 왜 그렇게 약한지 모르겠다.

그리고 그녀의 집 초대. 프랑크푸르트 경우 히틀러의 도시 뉘른베르크에서 첫 여정을 풀고, 독일의 국경 도시 발트아센에서 슈베르트 탄생 200주년 기념 음악회를 관람했다.

이 시대 최고의 바이올린의 명인 예후디 메누힌Yehudi Menuhin이 지휘하는 폴란드 챔버 오케스트라의 연주는 국내에서도 쉽게 접하기 어려운 음악이었다. 무엇보다도 음악을 감상하는 관람객들의 수준을 정말 높이 사지 않을 수 없었.

신성 로마 제국의 카를 4세가 자주 찾았던 마리안스케의 칼로비바리 온천 휴양지에서 옆으로 구멍난 물컵을 들고 온천수를 마시는 사람들이 하도 인상적이어서 나도 그 컵을 기념으로 샀다.

음악을 사랑하는 사람들이라면 누구나 한 번쯤 떠올리는 도시인 빈. 사랑을 하지 않고는 도저히 배길 수 없는 빈의 아름다운 숲 속에는 세계적인 음악가와 예술가들의 사랑과 절망과 삶의 열정이 요소요소에 배어 있고, 온통 오페라와 왈츠, 클래식 음악이 골목 어디에선가 툭툭 튀어 나올 것 같았다.

도나우 강가의 아름다운 도시 레겐스부르크, 인기 만화(「올웨이스의 창」)가 있고 좁고 꾸불꾸불한 돌바닥의 골목과 그 것을 둘러싸고 있는 벽돌색의 집들. 옛날 그대로의 차분한 분위기를 남기고 있는 도시의 풍경은 그야말로 숨을 죽이게 하는 것 같았다.

레겐스부르크 시청에서 여성 정무 장관의 면담을 통하여 독일의 일하는 여성들은 얼마나 좋은 여건과 보장 속에서 일하고 있는지 알 수 있었다.

내가 가장 기대했던 도시는 체코의 프라다. 기대 이상의 충족감. 밀란 쿤테라의 소설 『참을 수 없는 존재의 가벼움』과 다니엘 데이 루이스의 끈적끈적한 눈빛과 줄리엣 비노시의 청순한 연기가 살아 있는 영화 「프라하의 봄」의 배경이 되었던 숲 속을 영화 속의 주인공이 된 것처럼 누비고 다녔다.

자유와 여유로 다시 태어나는 도시 프라하. 벨벳 혁명을 일으켜 마침내 스스로 자유를 얻어 낸 자부심으로 살아가는 체코의 수도. 하나로 통합되는 유럽 대륙의 중심부에서 고대와 중세 현대를 가로지르고 동구와 서구의 역사의 현장을 넘나들면서 영원히 자유로운 도시로 우리를 유혹하며 다가오고 있다.

자유를 향한 체코 국민들의 열망이 살아 있는 역사의 광장 '벤젤 광장'에서 밤늦은 줄도 모르고 땅바닥에 주저앉아 "자유여! 사랑이여!"하며 떠들고 노래했던 기억도 너무 새록새록하다.

자신의 역사와 선조들로 인해 오늘날의 영광을 누린다는 프라하는 우리보다 덜 편리하고 덜 세련된 모습으로 산다. 잿빛 하늘, 우중충한 벽돌, 전혀 친절하지 않은 사람들, 바쁠 것 없는 시내 거리의 표정. 하지만 그들은 다정하고 안정감 있으며 많은 유산과 가능성을 가진 도시로 떠오르고 있다.

프라하의 거리는 전체가 박물관이다. 11~13세기의 로마네

스크 양식, 13~15세기의 고딕 양식, 16세기의 르네상스 양식, 17~18세기의 바로크 양식의 건축물이 모두 시내에 남아 있어 100탑의 도시로 불린다고 한다. 거리를 천천히 산책하며 음미하는 도시, 건물의 아름다움, 풍부한 자연, 인간미가 넘치는 매력적인 도시 프라하에서의 여름 휴가는 더위도 잊은 채 지나가고 있었다.

프라하보다 더 정감이 가는 체코의 조그만 시골 마을 크롬로프. 유물이 잘 보관된 웅장한 크롬로프 성을 마주보며 유유히 흐르는 몰다우 강을 끼고 동화 속 같은 다락방에서의 민박은 죽어도 잊지 못할 시간이었다.

우리 여행의 극적인 긴장감을 준 것은 미녀 삼총사의 사건이다. 미스 프라하, 미스 빈, 미스 레겐스부르크이다. 좌충우돌하며 진행되는 우리의 여행을 하나씩의 사건으로 우리를 단체로 결속시켜 준 해프닝의 주인공들이다.

프라하에서, 빈에서 일행과 헤어져 헤매던 두 미녀가 한국의 똑똑한 워킹우먼답게 몇 개의 국경을 건너 우리가 있는 곳까지 물어물어 찾아와 희부연 새벽에 극적인 재회의 감격을 안겨준 사건의 주인공들이다. 모두 다 얼싸안고 얼마나 울었던지.

미스 레겐스부르크는 사랑의 큐피드 화살로 독일 미남을 명중시켜 국제 공항에서 영화 속의 이별 장면을 연출해 낸 가장 로맨틱한 사랑의 주인공이다.

동양의 젊은 여성 군단 33명이 움직이는 장소마다 호기심 어린 눈길과 재미있는 사건과 웃지 못할 해프닝이 끊이지 않는 대장정이었다.

웅진미디어 판매지원부 과장 유혜선

제주도 출장에서 30분 만에 국내선에서 국제선으로 갈아타고 떠난 이번 휴가 여행은 가장 준비가 부족했던 여행으로 기억에 남을 것 같다.

치약이 없어 샴푸로 칫솔질했을 때의 그 쓴 맛. 시간 관념이 정확하기로 소문난 독일에서 시계가 없어 헤매 보기도 하고, 카메라가 없어 여기저기 얼굴 빈대 붙기, 입었던 옷 또 입기, 화장품은 있는 것만 쓰기, 정말 가진 것은 약간의 돈과 호기심과 배짱뿐이었다.

이번 여행을 통하여 얻은 많은 기억과 좋은 친구들과의 만남은 다시 돌아와 나의 생활에 많은 윤활유가 되어 주리라 생각한다. 그리고 나는 간간이 깨소금 같은 웃음 쪼개며 또 다른 미지의 세계를 기웃거리게 될 것이다.

5. 섹시한 마녀 핑크칼라의 시대

훤한 김해 평야를 뒤로 하고 초등학교 가을 소풍 때 찍은 사진이다.
김해 우리 집에는 수도가 있고 흑백 TV가 있어서 저녁마다 동네 사람들이

CS Specialist

유혜선의 당당한 서비스

> 우리가 지금 당면한 심각한 문제가 있다면, 우리가 그 문제를 일으켰을 당시의 사고 방식이나 수준으로는 그 문제를 해결할 수가 없다는 것이다. — 알버트 아인슈타인

다 모였다. 나는 그런 집에 사는 읍장 딸이라고 뽐내면서 살았다. 세탁소집 봉말이와 새침이 경옥이는 어릴 때부터 나와 함께 무용을 했는데 봉말이는 무용가가 되었고 경옥이는 시집을 잘 갔단다.

사춘기 때 나는 팝송과 샹송을 잘 불렀다. 그리고 전혜린의 지식에 대한 정열에 매료되어 전혜린처럼 지적으로 살고자 했으며, 그 정열의 대가로 대학에서는 법대를 지원했다. 공부하기 싫을 때에는 서클에 참여하여 무용을 열심히 했다. 논리의 세계와 감각의 세계를 자유롭게 넘나들면서 인식의 세계를 펼치려는 욕심을 냈었다.

우회하여 편협한 삶을 살지 않고 정도를 걸으며 열심히 살려고 노력하며, 완벽하게 성공한 여성의 삶을 살려고 했다. 무지하게 욕심은 많아도 내 주변 사람들이 나의 도움을 필요로 하거나 내가 그들에게 조금이라도 보탬에 된다고 생각되면 바보처럼 내가 가진 것을 내던질 줄도 안다.

『나는 소망한다. 내게 금지된 것을』에 나오는 강민주 노트 중에서 거부

와 반항을 넘어선 놀라운 역습에 관한 내용을 담고 있다. 공중에 높다랗게 줄을 늘어뜨리고 하얀 버선발로 줄을 타는 곡예사의 생각은 오직 한 가지 '떨어질 수 없다'는 것이다.

나는 낡은 생각, 낡은 언어, 낡은 사랑을 혐오한다. 나의 출발점은 그 낡음을 뒤집은 자리에 있다. 장애물이 나와도 그 장애물을 뒤엎고 그 자리에 있을 것이다. 모든 패러독스에도 이기고 싶은 욕망뿐이다.

지금까지의 나의 모든 경험과 지식은 지나간 과거의 경험에 지나지 않는다. 웅진이라는 사회적 필터를 통하여 나는 산업 현장에서 경험할 수 있는 것들은 직·간접적으로 다 경험을 했다고 생각한다.

성실하고 모범적인 일꾼이 인정받는 산업 사회의 일꾼에서 앞으로의 나는 멋있는 스페셜리스트가 될 것이다. 반복되는 규칙과 리듬을 거부하고 기존 관념을 깨고 부수는 마녀보다 더 섹시한 정보화 시대의 핑크칼라가 되어 21세기의 제일 앞자리에 있을 것이다.

세계의 경제를 흔들며 세계 유명 기업에서 두각을 보이는 일본인 여성 간부들은 절대로 일본으로 돌아가지 않겠다고 말한다. 여성에 대한 지독한 편견과 지나친 굴종을 강요해 온 일본 사회에서는 아직도 여성의 활발한 사회활동이 어려운 것이 현실이다. 매킨지 연구소는 한국의 미래는 여성 인력의 활용에 달렸다고 했다. 2010년 한국이 1인당 3만 달러 소득 수준의 진정한 선진국이 되기 위해서는 여성의 경제 활동 참가율을 54퍼센트에서 90퍼센트 수준으로 높여야 한다고 발표했다.

새로운 일자리는 한국이 고도 성장기에 필요로 했던 인력과는 다른 지식 정보화 사회에 요구되는 인력인데 이런 고급 두뇌를 남성만으로 충당하기에는 역부족이라는 것이 이 보고서의 주장이다. 내가 좋아하는 오프라 윈프리, 강금실 장관, 힐러리 클린턴은 자신을 이겨내는 모험적이고 성공적인 삶을 살고 있는 여성이다.

최근에 『나는 나를 이겼다』라는 세 여걸의 성공 비결을 담은 자서전은 미 백악관으로 입성한 최초의 흑인 여성 국무장관인 콘돌리자 라이스, 마흔 다섯 이후의 이혼한 주부로서 자신을 찾은 울브라이트 국무장관과 남편의 그늘을 떨치고 자신의 영역을 세운 힐러리 클린턴의 당당하고 용기 있는 삶을 그리고 있다.

이 책은 '여성으로 살아간다는 것'에 대한 보편적인 성찰의 계기를 제공해 주었고, 그 성찰의 계기를 이 땅의 여자로 태어난 후배들에게 되물려 주고 싶다.

아침 TV 방송 중에 「인생은 60부터」라는 어르신들을 위한 프로가 있었다. 머리가 하얀 할머니가 구청 소속의 문화 센터에서 음악을 틀어 놓고 노인들을 위한 에어로빅을 가르치고 있었다. 그 할머니는 중학교 교장 선생님으로 정년 퇴직을 하고 봉사 활동을 겸해서 서울 구청의 문화 센터를 돌면서 무료 강습을 하고 있다고 한다. 새로운 안무나 음악 편집을 위하여 본인은 따로 헬스센터를 다니면서 배운다고 했다.

배운 것을 좀더 쉽게 할머니, 할아버지들이 따라할 수 있게 각색을 하여 가르치는데 그 일이 그렇게 보람 있고 즐거울 수가 없다고 한다. 은발을 휘날리며 사는 멋있는 청춘의 할머니를 보면서, 나는 미래의 나의 모습을 그려본다.

글을 마치며

이 글의 마지막 페이지를 마치며……

    출판사에 원고를 넘기고 유럽으로 떠날 채비를 서두르고 있다. 스페인 마드리드를 지나서 영국과 프랑스, 이탈리아, 로마와 스위스를 거쳐 돌아오는 긴 여행이 될 것이다. 새해를 밝히는 첫 새벽은 유럽 여행을 위한 비행기 안에서, 태양과 제일 가까이서 맞이하게 될 것 같다. 이번의 여행은 산업 사회의 성실한 일꾼에서 정보화 시대의 핑크칼라로 변신하는 무대 뒤의 커튼 같은 뜻 깊은 여행이 될 것이라 생각한다.

    이 책을 쓰는 동안 20년이 압축된 과거 추억으로부터의 긴 여행을 즐기면서 울기도 하고 웃기도 하며 그때 그 시절의 감흥에 빠져 보는 소중한 경험의 시간을 보냈다. 이렇게 해서 모든 나의 지나간 과거의 경험을 다 쏟아 내었다. 규칙적이고 바빴던, 고단한 20세기의 삶을 마감하고 천천히, 자유롭게, 그리고 크고, 넓게 사는 21세기의 멋있는 스페셜리스트로서의 삶을 살 것이다.

    "나비처럼 날아서 벌처럼 쏘겠다"는 어느 프로 권투 선수의 말처럼 군더더기 없이 핵심의 과녁을 정확히 맞추는 새로운 패러다임으로, 섹시한 핑크칼라가 되어…….

CS Specialist
유혜선의 당당한 서비스

　한 직장에서 다섯 군데의 계열사를 돌며 20년의 세월을 보냈다. 몇 차례의 구조 조정이 있었지만 세 번씩이나 재발탁될 수 있었던 이유는 기업 교육이라는 한 자락에 전력을 투자했기 때문이라고 생각한다.

　월급 많고, 나이 많고, 오래된 여직원으로 구조 조정의 명단 1순위에 나를 올렸던 당시의 나의 상사들은 다 퇴출당하고 그 자리에 없다. 그들은 IMF가 걷어낸 거품들이었다. 지나고 나서 생각하니 몸과 발로 뛰었던 치열하고 생생한 경험의 현장이 지금의 나의 생명력을 지켜 주는 보호막이었으며, 이 시대의 앞자리를 겁 없이 넘볼 수 있는 경쟁력이 되고 있는 것 같다.

　나는 성실히 준비했다. 직장 생활 20년 동안 한 번도 뭔가를 배우지 않고 시간을 보낸 적이 없는 것 같다. 편집부에 가고 싶어 잡지 편집을 배웠고 카피라이트 과정을 2년이 넘도록 다녔다. 매년 새해가 되면 영어 회화를 등록하고 산업 카운슬러 과정과 교육 훈련 진단사, 레크리에이션 지도자 과정, 그리고 건강을 위한 에어로빅과 재즈댄스, 마지막으로 대학원 공부까지. 이 모든 것들이 앞으로 나의 스페셜리스트로서의 삶에 녹아 있을 것이다.

　여행을 떠나며 또 한 가지 해야 할 일은 이때까지 내가 가지고 있는 모든 정보와 자료들을 몽땅 다 버리고 가는 것이다. 이미 과거의 경험이고 지나간 지식들이다. 이제는 낡음을 버리고 새로운 시대의 새로운 지식정보의 사냥에 들어갈 것이다.

　사군자를 가르치던 동양화가 서울대 김아영 선생님에게 처음 갔을 때 그녀는 나에게 전지 한 장과 목탄을 주면서 나의 얼굴을 그려 보라고 했다. 희미하게 그린 나의 조그만 얼굴을 보고 뭔가 위축되고 억눌린 정서를 가진 것 같다며 그림은 핵심과 포인트를 잡아 대담하게 그리는 것이라고 했던 말이 생각이 난다. 나는 그때 사람의 눈동자가 3분의 2밖에 보이지 않는다는 것을 처음 알았다. 올빼미같이 그린 나의 눈동자를 보고 오감을 통하여 직접 경험하고 표현해 보는 것이 얼마나 중요한지도 알았다. 이제는 나를 위축시켰던 모든 중압감을 벗어 던지고 숨어 있는 나의 생각과 능력을 마음껏 발휘해 보는 더 큰 세계를 안고 싶다.

내 인생을 받쳐 주는 두 거목이 있다면, 나의 실천과 경험의 장을 지켜 주신 웅진그룹 윤석금 회장님과 평생 학습하는 인간으로서의 지혜와 자세를 가르쳐 주신 연세대학교의 한준상 교수님이시다. 그들은 내 삶의 생(生)과 지(知)이다.

추천의 글을 써 주신 두 분의 따뜻한 격려의 마음에 진심으로 감사 드리며, 또 연세대학교 장원섭 교수님과 당당한 여성으로 이 시대를 이끌어 가실 웅진그룹 인재 개발 원장이신 최정순 이사님과 교육 인적 자원부 양열모 서기관님께도 진심으로 감사를 드린다.

앞으로 그분들의 소중한 말씀을 가슴 깊이 새기고 실천하며, 멋있게 강의하고, 사랑하며, 여행하고, 책도 쓰고, 또 봉사하는 그런 삶을 살 것이다.

은발이 휘날릴 때까지…

유럽으로 떠나기 위한 짐을 꾸리며

Check List

CS 리더 역량 수준 자기진단

니즈를 어떻게 파악하나? - 정보 마인드 자가 진단

고객은 누구인가?

니즈를 어떻게 파악하나? - 개인 인적 네트워크 분석

고객 감동 서비스

CS Specialist_유혜선의 당당한 서비스

CS 리더 역량 수준 자기진단

귀하가 조직 생활에서 나타내는 행동에 대해 객관적이고 사실적으로 평가해 보십시오. 자기 자신의 역량 개발을 위한 진단으로 정직하게 자기 자신에 대해 점검하시기 바랍니다.

전혀 그렇지 않다	전혀 그렇지 않다	보통이다	그런 편이다	정말 그렇다
1	2	3	4	5

구분	행동지표	척도				
고객 니즈 파악	1 고객이 요구하는 바에 대해 확인한 후 해당 정보를 갖고 있는 팀원에게 연락한다.	1	2	3	4	5
	2 제품별 시장 경쟁력과 시장 상황에 대해 항상 관심을 갖고 파악한다.	1	2	3	4	5
	3 정기적 (월 2~3회)으로 고객을 만나고 그 결과를 요약 보고하며 그 안에서의 시사점을 찾아낸다.	1	2	3	4	5
	4 내외부 고객 문의에 신속하고 친절하게 응하며 고객 문의의 핵심을 파악하여 소속 본부와 관련된 부분을 스스로 응대할 수 있으며, 타 본부에 해당되는 내용이라도 주요 담당자를 알고 있어 바로 연결시켜 준다.	1	2	3	4	5
	5 고객 만족, 서비스와 관련한 정보를 수집하고 교육을 받고 이를 실행하기 위하여 노력한다.	1	2	3	4	5
서비스 창출	6 고객 응대에서 친절을 바탕으로 하고 자신의 업무 관련 문의에 대해 고객에게 필요한 사항이 무엇인가를 고려하여 적극적으로 응대한다.	1	2	3	4	5
	7 고객의 불만 전화가 왔을 때 무엇 때문에 화가 났는지 성심 성의껏 들어 보고, 빠르게 해당 부서에 연락하여 조치한다.	1	2	3	4	5
	8 CS 교육, 예절 교육 등 회사를 대표하는 한 사람으로서 당당하고 자신감 있는 모습으로 고객과 만날 수 있도록 정신 교육, 시장 정보, 성공 사례 등을 교육한다.	1	2	3	4	5
	9 신속한 업무 지원을 위해 자기 업무가 아니더라도 주위 동료를 활용하여 해결해 준다.	1	2	3	4	5
	10 현장 코칭을 잘하고 맞춤 고객 서비스를 지도한다.	1	2	3	4	5
고객 진화 수용	11 전략적 마인드와 의사 결정이 필요한 사항들에 대해 합리적이고 타당한 원인과 해결책을 제시하여 팀원들에게 조언자의 역할을 수행한다.	1	2	3	4	5
	12 시장 현황에 대해서 잘 듣고, 면밀히 분석하여 구체적인 대안을 제시하며 실천 여부를 일정 간격을 두고 체크하고, 다시 개선한다.	1	2	3	4	5
	13 자사 제품의 적절한 대응 요령을 숙지하여 고객 니즈를 선도한다 (전화 문의 등에 대한 적절한 대응).	1	2	3	4	5
	14 고객 니즈 파악을 정기적으로 실행하고, 유의미한 정보를 추출하여 그에 따른 후속 방안을 마련한다.	1	2	3	4	5
	15 매주 현 상황에 대해 설명하고 중요 포인트를 지적해 주고 대처 방안을 모으고 실행안을 만든다.	1	2	3	4	5

진단 결과 산출 방법	전체 평균값 계산 → (전체 총합)÷15	요인별 평균값 계산 → (요일별 총합)÷5	GAP 확인	구 분	자기진단 평균값	타인진단 평균값	역량 개발 포인트
				고객 니즈 파악 평균값			
				서비스 창출 평균값			
				고객 진화 수용 평균값			
				전체 평균값			

니즈를 어떻게 파악하나?

■ 정보 마인드 자가 진단

※ 다음 각 항목을 읽고 '그렇다'고 생각하면 ○, '아니다'라고 생각하면 ×라고 체크한 후, 집계표 양식에 기록하시오.

1. 중앙 일간지를 매일 읽는다. (   )
2. 친구, 직원, 거래처 사람 등 다른 사람이 내게 전화하기보다는 내가 먼저 하는 편이다. (   )
3. 출근하여 그날의 업무 스케줄을 검토한 후 업무를 시작한다. (   )
4. 9시 뉴스나 특집 기획 방송 등은 시청하는 편이다. (   )
5. 친한 사람의 생일이나 결혼 기념일 등에 카드나 엽서, 선물 등을 보낸다. (   )
6. 인터넷은 정보의 바다라고 생각하고, 인터넷을 통해 원하는 정보를 수집한다. (   )
7. 거의 매일 주요 경제 신문을 읽는다. (   )
8. 업무와 관련하여 고객, 협력 업체, 타기관 등 외부 사람들과의 교류가 있는 편이다. (   )
9. 언제 어디서나 메모할 수 있도록 항상 메모지와 펜을 지니고 다닌다. (   )
10. 서점에 자주 들른다. (   )
11. 일주일에 한두 번 정도는 타부서 직원이나 외부 사람과 식사를 한다. (   )
12. 학회, 협회 등 각종 단체에서 개최하는 세미나, 심포지엄에 참석한다. (   )
13. 무슨 종류든 한 달에 한 권 이상은 책을 구입한다. (   )
14. 어떤 화제이든 상대방의 취향에 따라 어느 정도 대화할 수 있다.
15. 영어 등 외국어 실력 향상을 위해 노력하고 있다. (   )
16. 무슨 종류든 한 달에 두 권 이상의 책을 읽는다. (   )
17. 대화할 때 말을 하기보다는 주로 듣는 편이다. (   )
18. 기회만 되면 내·외부의 교육 과정에 참가한다. (   )
19. 업무나 전공과 관련된 논문이나 저널 등을 읽는다. (   )
20. 명함을 일정 기준에 따라 분류해 관리하고 있으며 가끔 정리를 한다. (   )
21. 이모티콘을 사용하여 문자 메시지를 보낼 수 있다. (   )
22. 각급 도서실이나 외부의 정보 자료실을 이용한다. (   )
23. 동호인, 친목 모임에 참가하고 있다. (   )
24. 내 인생의 목표를 구체적으로 알고 있다. (   )
25. 신문 스크랩을 한다. (   )
26. 주변에서 사회적으로 성공한 사람이 있다. (   )
27. 이메일이나 전자 게시판을 통해 정보를 주고 받는다. (   )

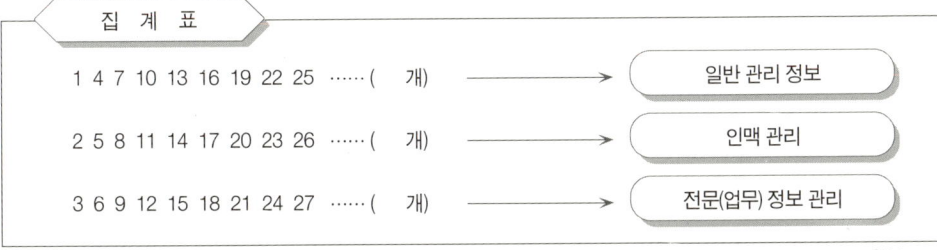

고객은 누구인가?

■ 고객에 대한 차별화 포인트

고객의 니즈	고객의 Key Questions	차별화 포인트
제품 특성 및 성능		
디자인 품질		
브랜드 이미지		
편리성		
서비스 품질		
납기		
제품의 다양성		
제품 외관/ 분위기		
신뢰 관계		
가 격		
지불 조건		

니즈를 어떻게 파악하나?

■ 개인 인적 네트워크 분석

자기 자신의 인적 네트워크를 분석해 보고, 인맥에서 취약한 영역이 어디인지 확인해 보시오. 귀하가 필요한 정보를 요청할 때, 요청하는 시점에 맞게 정보를 제공해 줄 수 있는 사람이 각 영역에서 누구인지 정리해 보시오.

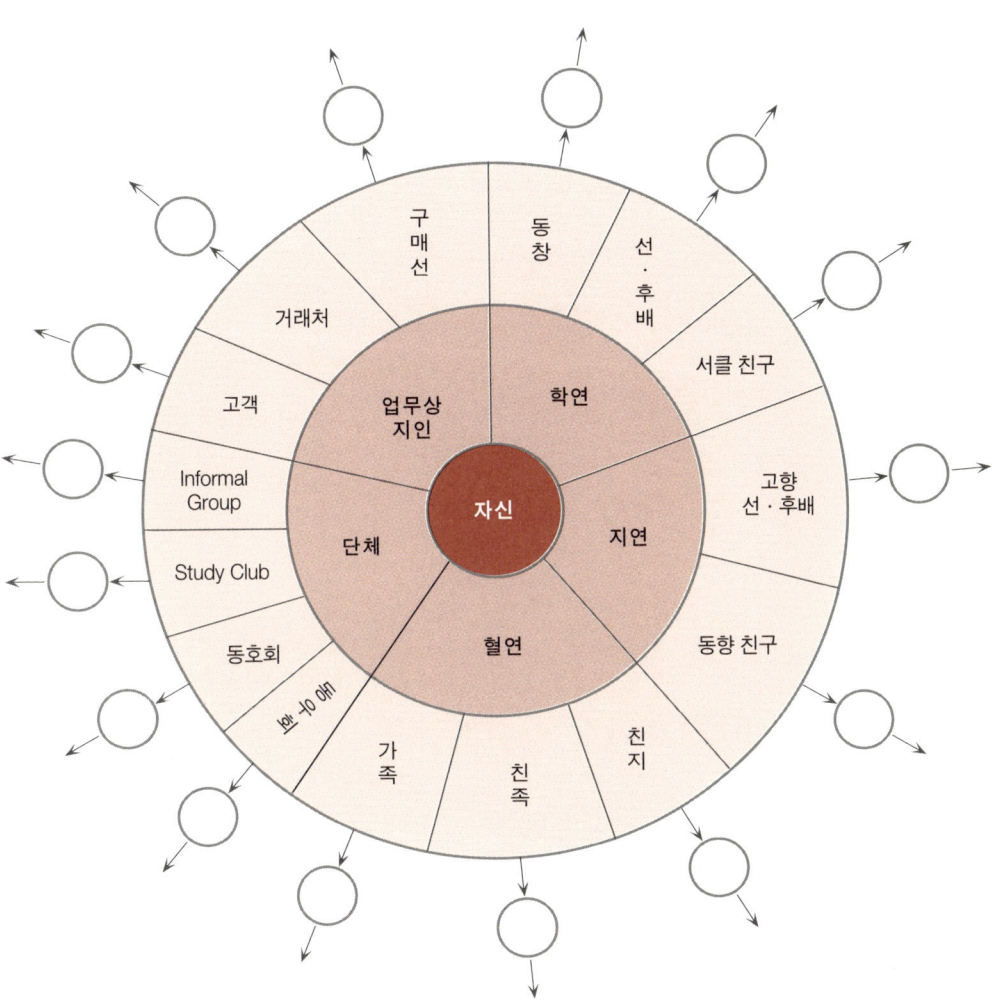

고객 감동 서비스

■ 고객불만 처리

단 계	방 법	유의점
1. 불만에 귀를 기울인다. (정보 수집)	먼저 사과를 한다. 내용을 듣는다. 문제점을 메모한다.	• 감정적으로 대하지 말고 끝까지 듣는다. • 고객의 입장에서 듣는다. • 정확하게 이해한다. • 논쟁을 피한다.
2. 불만 원인을 분석한다. (문제 파악)	사실을 확인한다. 문제를 확실히 파악한다. 이전 사례와 비교해 본다. 원인 확인	• 문제점을 분석해본다. • 고객이 틀렸다고 비평하지 말라. • 다른 각도로 다시 생각한다. • 자신의 의견과 평가를 배제한다. • 객관적으로 사실을 추구한다.
3. 해결책을 찾아낸다. (대책 입안)	회사의 방침, 정책 해결 방안 수립 자신의 권한 내인가?	• 고객은 어떻게 해 주기를 바라는가? • 회사의 방침과 정책에 적합한가? • 신속한 해결을 명심한다. • 상사의 양해를 얻어 둔다.
4. 해결책을 알린다. (문제 해결)	해결책 전달 (권한내) (권한외) 즉시 처리 상사의 지시	• 정중하게 성의를 갖고 납득시킨다. • 권한이 있고 없음은 내부 문제다. • 고객에게 끝까지 책임을 갖는다.
5. 결과를 검토한다. (해결 점검)	고객의 반응을 본다. 기타의 영향을 관찰한다. 결과의 재검토, 반성한다.	• 고객의 만족도를 확인한다. • 다른 데도 파급될 수 있는가? • 판매에 어느 정도의 영향이 있는가 검토한다. • 두 번 되풀이하지 않도록 한다.

독자를 먼저 생각하는 정직한 출판

시대의창이 '**좋은 원고**'와 '**참신한 기획**'을 찾습니다

쓰는 사람도 무엇을 쓰는지 모르고 쓰는,
그런 '차원 높은(?)' 원고 말고
여기저기서 한 줌씩 뜯어다가 오려 붙인,
그런 '누더기' 말고

마음의 창을 열고 읽으면
낡은 생각이 오래 묵은 껍질을 벗고 새롭게 열리는,
너와 나, 마침내 우리를 더불어 기쁘게 하는

땀으로 촉촉히 젖은 그런 정직한 원고,
그리고 그런 기획을 찾습니다.

시대의창은 모든 '정직한' 것들을 받들어 모십니다.

시대의창 WINDOW OF TIMES

| 분야 | 경제·경영 / 역사·문화 / 비소설 / 어학 |

서울시 마포구 동교동 113-81 4층 (우)121-816
Tel : 335-6121 Fax : 325-5607 http://www.sidaew.co.kr